BETTINA SPOERRI
MIKLÓS KLAUS RÓZSA

Budapest

ABSEITS DER PFADE

braumüller

Bibliografische Information der Deutschen Nationalbibliothek
Die Deutsche Nationalbibliothek verzeichnet diese Publikation in der Deutschen Nationalbibliografie – detaillierte bibliografische Daten sind im Internet über http://dnb.d-nb.de abrufbar.

1. Auflage 2020

Servitengasse 5, A-1090 Wien
www.braumueller.at

Druck: EuroPB, Dělostřelecká 344, CZ 261 01 Příbram
ISBN 978-3-99100-317-5

Bettina Spoerri | Miklós Klaus Rózsa

Budapest abseits der Pfade

Inhalt

Auf dem Heldenplatz

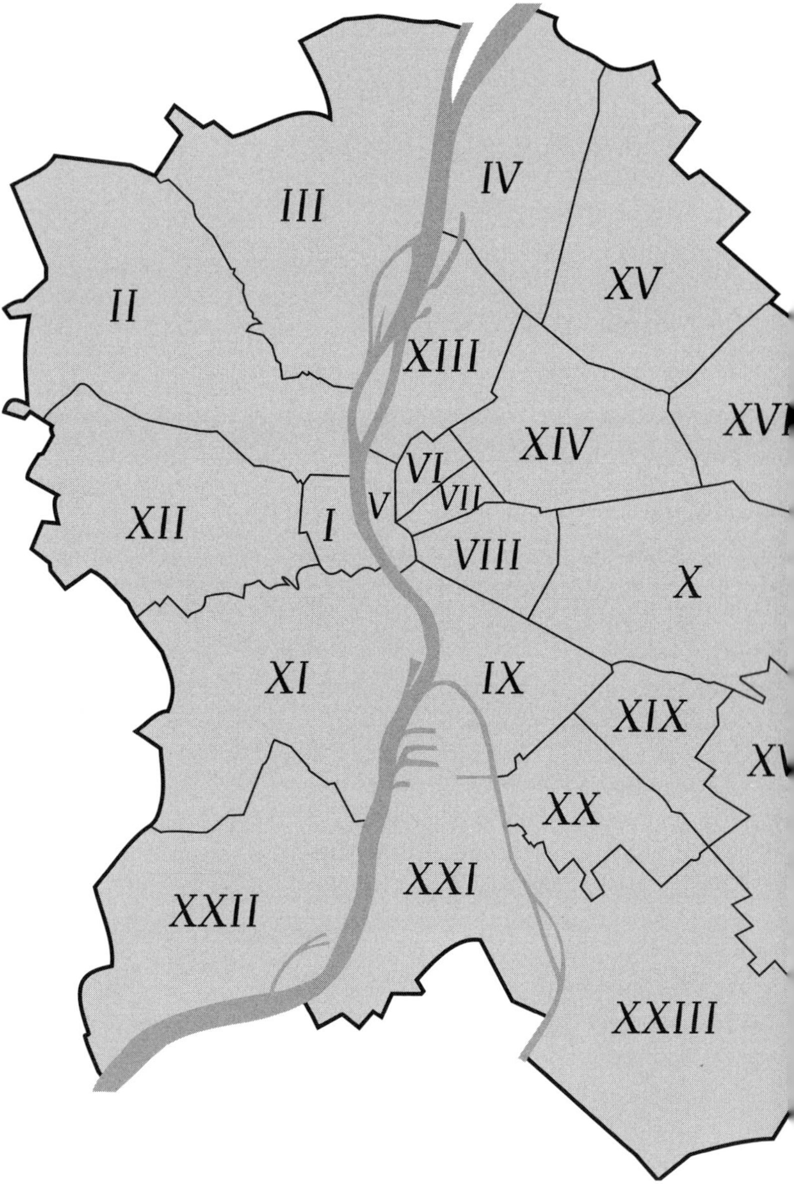

III
IV
II
XV
XIII
XIV
VI
VII
V
XII
I
VIII
X
XI
IX
XIX
XX
XXI
XXII
XXIII

Budapester Bezirke

I	Várkerület
II	Hűvösvölgy, Rózsadomb u.v.a.m.
III	Óbuda-Békásmegyer
IV	Újpest
V	Belváros-Lipótváros
VI	Terézváros
VII	Erzsébetváros
VIII	Józsefváros
IX	Ferencváros
X	Kőbánya
XI	Újbuda
XII	Hegyvidék
XIII	Angyalföld
XIV	Zugló
XV	Pestújhely, Rákospalota, Újpalota
XVI	Árpádföld, Cinkota, Mátyásföld, Rákosszentmihály, Sashalom
XVII	Rákosmente
XVIII	Pestszentlőrinc-Pestszentimre
XIX	Kispest
XX	Pesterzsébet
XXI	Csepel
XXII	Budafok-Tétény
XXIII	Soroksár

XVII

Budapest –
Eine Stadt
zwischen Ost
und West

«Kürzlich», erzählt B, «sagte eine Bekannte, als das Gespräch am Tisch bei einer Einladung auf Budapest zu sprechen kam: ‹Da würde ich nicht hinreisen›.»

M zog seine Brauen hoch: «Hast du sie gefragt, warum?»

«Sie sagte, ‹aufgrund der politischen Situation›. Als wir weitersprachen, wurde deutlich, dass sie im Grunde Viktor Orbáns Politik meinte.»

«Es gibt auch nicht wenige Leute, die wegen Trump nicht mehr in die USA reisen wollen», sagt M.

«Das sei ihnen freigestellt. Aber sie verpassen viel … Ich finde das vor allem kurz gedacht: Eine ganze Bevölkerung kann man doch nicht einfach pauschal verurteilen. Und darunter auch all die Menschen in diesen Ländern, die Trumps oder Orbáns nationalistische Politik kritisieren. Vielmehr könnte man sich ja sogar mit ihnen solidarisieren – wenn Hinreisen oder nicht ein politisches Statement oder Ausdruck einer politischen Haltung sein soll.» B denkt nach und fährt fort: «Etwas anderes finde ich es, in Länder wie die Türkei zu reisen, in denen zurzeit Diktatur herrscht – in denen Journalisten verschwinden, Andersdenkende willkürlich zu jahrelangen Gefängnisstrafen verurteilt werden und man nicht nur in der Öffentlichkeit aufpassen muss, was man sagt.»

M nickt: «Ja – ganz abgesehen davon, dass sich 2019, nach knapp zehn Jahren Orbán, durch die Wahlen, in denen die Opposition einen deutlichen Sieg in den urbanen Zentren davontrug, viel verändert hat; es wird sogar gesagt, das sei erst der Anfang einer viel größeren Veränderung der politischen Landschaft Ungarns.»

«Der Oberbürgermeister Gergely Karácsony ist ein Grünliberaler … Nach seiner Wahl, kann ich mich erinnern, nannte er das einen historischen Sieg, einen Sieg der Menschen in Budapest, und dass Schritte in Budapest stets erste Schritte seien, um Ungarn zu verändern.»

«Karácsony – was übrigens auf Deutsch ‹Weihnachten› heißt – war vorher schon Bürgermeister des vierzehnten Bezirks von Budapest. Er ist jung, Jahrgang 1975.»

«Und es war nicht nur der Oberbürgermeister», erinnert B. «13 von insgesamt 23 Budapester Stadtbezirken stehen Bürgermeister der Opposition vor. Und im Budapester Stadtrat stellt die Fidesz 14 Mandate, die Opposition aber die Mehrheit mit 18 Mandaten. – Umso spannender», sagt B, «wie sich das alles weiterentwickelt – und wie es sich auf Budapest in den nächsten Jahren auswirken wird.»

«Übrigens erlitt die Fidesz nicht nur in Budapest, sondern auch in mehreren größeren ungarischen Städten eine Niederlage gegen die im Wahlkampf endlich geeinte Opposition, unter anderem in den Städten Pécs, Miskolc, Szombathely, Szeged und Eger. Ich muss dazu sagen», gibt M zu bedenken, «dass ich einiges von dem nicht schlecht fand, was der Fidesz-Oberbürgermeister István Tarlós, der vor Karácsony beinahe zehn Jahre im Amt war, geleistet hat. In seiner Zeit wurde Budapest mehr begrünt, Pärke aufgewertet, und man hat auch viel für Extra-Fahrradspuren gemacht.»

«Allerdings», sagt B, «muss man das kritisch betrachten – Tarlós soll unter anderem den jüngeren, von ihm ernannten Verkehrszentrum-Leiter Dávid Vitézy in allen erdenklichen Punkten gebremst haben; so stellte er sich beispielsweise gegen Extra-Busspuren – die Busse blieben immer im Stau stecken – oder wirkte auf Verlangsamung oder Stopp von Projekten zugunsten der Fahrradfahrer hin … Der ungarische Fahrradclub setzte sich ein und forderte die autozentrierte Sicht der älteren Generation heraus.»

«Die urbane Verkehrspolitik und das Verkehrsmanagement wie auch der Umgang mit dem öffentlichen Raum waren in den

Das Parlamentsgebäude zur Weihnachtszeit

2010er-Jahren sehr umkämpfte Bereiche, und sie sind es weiterhin, oh ja …», sagt M. «Aber einiges ist erreicht worden. Am überzeugendsten finde ich das Verbot für schwere Lastwagen, in die Stadt hineinzufahren – dadurch gibt es schon nicht nur weniger Lärm und massiv weniger Luftverschmutzung in Budapest, sondern vor

allem auch weniger Tote und weniger schwerverletzte Fahrradfahrer. Ab 2008 durften im Budapester Stadtgebiet Lkw mit über zwölf Tonnen Gesamtgewicht nicht mehr herumfahren. Und in den Folgejahren wurde das immer mehr beschränkt.»

«Wie konnte man das erreichen?», fragt B.

«Natürlich gab es zuerst großen Widerstand, die mächtigen Lebensmittelfirmen drohten, ihre Läden zu schließen. Aber mit der Zeit erkannten sie, dass es unter dem Strich klare Vorteile bringt – und ihnen wurden mehrere Jahre für die Umstellung gewährt. Für die kleineren Lkw bis sieben Tonnen gibt es viel weniger strenge Auflagen und Kontrollen, sie brauchen weniger Platz, sind im Verkehr wendiger und dadurch schneller. Deshalb sind heute alle begeistert. Das könnte gar ein Modell für ganz Europa sein!»

«Tarlós bleibt vielen dennoch im Gedächtnis als einer, der einiges verzögert hat …», wendet B ein.

«Er war auch lange in einflussreichen Positionen: neun Jahre Oberbürgermeister von Budapest – und davor bereits 16 Jahre Bürgermeister des dritten Bezirks. Das allein ist schon ein Vierteljahrhundert in der Politik.»

«Trotz Verzögerungstaktiken hat sich die Lebensqualität von Budapest insgesamt in den letzten fünfzehn bis zwanzig Jahren stark verbessert. Das zeigt sich eindeutig darin, wie gut Budapest in den internationalen Rankings abschließt. Das britische Wirtschaftsmagazin ‹The Economist› hat Budapest 2019 zur besten Hauptstadt Osteuropas gewählt, und Brüssel nannte Budapest gar das attraktivste Reiseziel Europas. In der Weltrangliste hat sich Budapest seit 2010 um 20 Plätze auf 35 verbessert», liest B vor.

«Abgesehen davon ist es absurd, eine Stadt mit einer langen und großen Geschichte nicht zu besuchen, weil man damit gegen die aktuelle Politik der Fidesz protestieren will. So einen Boykott muss man, wenn schon, explizit artikulieren, damit er gehört und verstanden wird. Sonst beeinflusst das überhaupt nichts. Aber am meisten bewirkt sowieso eine geeinte Opposition im Land, wie sich kürzlich gezeigt hat. – Doch ich habe eine Idee», grinst M, «Budapest ist in den Ausgehvierteln von jungen Touristen überlastet; da fehlen die, die nicht kommen wollen, nicht. Sie wissen aber auch nicht, was ihnen entgeht …»

«Du kennst Budapest seit deiner Kindheit», sagt B, «ich erst seit etwas mehr als zwei Jahren, wenn auch intensiv. Du hast,

obwohl du viele Jahre auch nicht da gelebt hast, einen Innenblick und sprichst und liest fließend Ungarisch, ich komme mit der neugierigen, fragenden Perspektive von außen. Ich bin von der Wechselhaftigkeit der Geschichte und der kulturellen Vielfalt Budapests beeindruckt: Selbst wenn man die lange Vorgeschichte – von den Steinzeitsiedlungen über die Römer, die Hunnen, Mongolen, Osmanen, Habsburger bis zur k.u.k. Monarchie – weglässt und nur die letzten rund 120 Jahre anschaut, kann man annähernd erfassen, was die mehreren heftigen Umwälzungen für die Bevölkerung und die Veränderungen des Stadtkörpers bedeuteten. Der Austritt aus der Donaumonarchie, ungarisch-rumänischer Krieg, Gründung des Königreichs Ungarns unter Horthy, die deutsche Besetzung im Zweiten Weltkrieg, Pfeilkreuzler-Terror und Massendeportationen von Juden, die Zerstörung der Stadt durch die Kämpfe sowie amerikanische und britische Luftangriffe, Volksrepublik Ungarn nach sowjetischem Vorbild, Volksaufstand 1956 und dessen Niederschlagung, Ausrufung der Republik Ungarn, Auflösung des Eisernen Vorhangs 1989, Demokratie mit bürgerlicher Regierung, NATO-Beitritt 1999 …»

«… was sofort», wirft M ein, «zu Kriegshandlungen mit dem Ungarn-Nachbarn Serbien führte …»

«… EU-Beitritt 2004, wirtschaftlicher Boom, Rechtspopulismus, Anti-Liberalismus, nun ein mehr als zaghafter Aufbruch seit den jüngsten Wahlen … Das sind riesige Strecken, die Ungarn und vor allem auch Budapest zurückgelegt haben: von einer Monarchie zum Kommunismus zur Demokratie, von der Planwirtschaft bis zur Globalisierung mit all ihren Auswirkungen, die in Ungarn sehr viel deutlicher und heftiger zu spüren und zu sehen sind als anderswo …»

«… genau», unterbricht sie M: «Die Ungarn waren sehr gutgläubig, sie dachten, der Kapitalismus sei gut und bringe ihnen den ersehnten Wohlstand. Da gibt es beispielsweise den multinationalen Konzern Nokia, der nach Ungarn kam, hier Handyakkus zu produzieren plante und vom ungarischen Staat erwartete,

während der ersten Jahre keine Steuern zahlen zu müssen, weil er ja so viele Arbeitsplätze schaffen würde. Außerdem sollte Ungarn die Arbeitszufahrtsstraßen zu dem Firmenstandort ausserhalb von Budapest erschließen. Dann schloss Nokia aber nach zwei oder drei Jahren die Fabrik und zog in ein noch billigeres Land, nach Rumänien.»

«Und Ungarn baute also diese Zufahrtsstraßen und erließ die Steuern?», fragt B.

«Ja, einen Großteil der Steuern. – Etwas Ähnliches geschah mit den Franzosen und den Amerikanern. Ungarn brauchte ein Autobahnnetz – ab dem Moment, als die Grenzen 1989 fielen, entwickelte sich ein starker Transitverkehr, auch für Waren aller Art, mitten durch das Land, aus der Ukraine und Russland in den Westen, aus Europa kommend in die Türkei, es kam an den Grenzübergängen zu Wartezeiten von bis zu zwanzig Stunden. Die Landstraßen waren verstopft, ein Lastwagen stand hinter dem anderen, kaputte Autos aus dem Westen wurden in den Osten verfrachtet … – das waren unvorstellbare Zustände. Also musste schnell ein Autobahnnetz her. Und man sah, dass das so teuer war, dass es das ganze Haushaltsbudget vollkommen auf den Kopf stellen würde. Da kamen die Franzosen mit dem Angebot: Ihr wollt Autobahnen? Die könnt ihr haben. Sie kosten euch nichts. Es gibt einfach eine Mautgebühr, und die kassieren wir. Ungarn hat jetzt zwar ein Autobahnnetz – und zwar ein hochmodernes, die Maut kann man im Internet bezahlen und muss nicht in einen Laden und eine Vignette oder ein Pickerl ans Fenster kleben –, aber Ungarn verdient nichts daran.»

«Und die Amerikaner?», fragt B.

«Kurz nach der Wende wurden die Ungarn mit gut klingenden Angeboten überfallen. Eure Zigarettenfabriken sind völlig marode, sagten die Amerikaner, genauer: Philip Morris; wir kaufen euch die Fabriken ab – die waren ja damals Staatsbesitz – und die Produktionsrechte. Das war so gut wie eine Lizenz zum Gelddrucken. Nach wenigen Jahren gab es die ungarischen Zigaretten nicht

mehr – Zigaretten, die einem das Hirn in die Luft jagten … –, dafür die Auswahl zwischen Marlboro (PM) oder auch Kent (BAT – heute der größte Zigarettenhersteller in Ungarn mit beinahe fünfzig Prozent Marktanteil) – zum fünffachen Preis. All die Süchtigen standen sozusagen mit abgesägten Raucherbeinen da … Natürlich entstand daraufhin ein blühender neuer Geschäftszweig: der Schmuggel traditioneller russischer Zigaretten nach Ungarn … – zum Viertelpreis. Vergleichbares geschah mit der ungarischen Bierproduktion – diesmal waren es die Nachbarn aus Österreich, die eine Bierfabrik nach der anderen aufkauften – und mit der Autobusproduktion; Ikarusz-Busse hatten ein ausgezeichnetes Preis-Leistungs-Verhältnis. Die seien nicht mehr zeitgemäß, hieß es, und niemand wollte investieren – die Produktion wurde eingestellt. Heute muss Ungarn Busse im Ausland bestellen, was für das Land aber sehr teuer ist. Dasselbe geschah mit der Produktion von Lebensmitteln, beispielsweise Milch und Joghurt – und deshalb ist heute für die Menschen in Ungarn vieles, was man so für den täglichen Bedarf an Grundnahrungsmitteln braucht, sehr viel teurer als früher. Der Gewinn wurde bald und wird noch heute mehrheitlich von ausländischen Konzernen abgeschöpft.»

«Eine traurige, schreckliche Entwicklung …», sagt B.

«Die erste frei gewählte Regierung, eine rechtsbürgerliche, hat Ungarn sozusagen für ein Butterbrot verkauft … Die Ungarn konnten den Wert von dem, was sie verkauften, nicht abschätzen. Oder vielleicht waren ja die Berater korrupt. Oft wurde gekauft, um kurz darauf zu schließen», sagt M. «Ich erinnere mich, dass ich in Budapest Mitte der 1990er-Jahre einmal in einem Restaurant mit einem jungen Paar ein langes Gespräch hatte; ich war der erste Westler, den sie kennengelernt hatten, und sie sagten mir, sie freuten sich, dass es den Ungarn in zehn Jahren so gut gehen würde wie den Menschen in der Schweiz. Ich musste ihnen ihre Illusionen zerstören, das heißt, sie wollten mir nicht glauben. Sie dachten wie die Mehrheit der Ungarn, Kapitalismus sei das Paradies auf Erden.»

«Ungarn und insbesondere Budapest stehen immer wieder zwischen Osten und Westen. Das hat sich in der Geschichte und Politik gezeigt, und heute, indem es an der EU-Außengrenze liegt, wird das auch wieder deutlich. Budapest steht auf dieser Schwelle – und das ist auch faszinierend: Hier prallen Welten aufeinander. Die Stadt hat sich schon so oft rasend schnell verändern müssen.»

«Ja, und diese Geschichte hat meine Familie in mehreren Generationen am eigenen Leib erlebt», sagt M. «Meine Mutter, die sich als Jüdin vor der Verfolgung verstecken musste, ist durch einen Handgranatenangriff auf das Kellerversteck der Familie in Budapest fast gestorben – überlebte jedoch anders als drei ihrer Geschwister schwer verletzt –, mein Vater wurde nach Auschwitz deportiert. 1956 flohen unsere Eltern mit uns in den Westen, um nicht noch einmal Kriegszustände in Ungarn zu erleben; sie kamen über Wien in die Schweiz. Dann hatten wir lange wenig Kontakt zu Verwandten – nur der eine Onkel, der eine Weile Botschafter in Paris war, besuchte uns regelmäßig: ein Zwischenhalt auf seinen Reisen zwischen Paris und Budapest. Übrigens immer unter Beobachtung des Schweizer Geheimdienstes, wie sich dreißig Jahre später herausstellte. In den 1990er-Jahren besuchte mein Vater dann Budapest wieder öfter, und nach 1994 war auch ich regelmäßig in Ungarn – bis ich meinen Lebensmittelpunkt sogar für einige Jahre nach Budapest verlegte. In dieser Familiengeschichte, die ich jetzt nur ganz schnell in wenigen Strichen skizziert habe, spiegeln sich viele der jüngeren Entwicklungen Ungarns.»

Budapest, einst das «Paris des Ostens», mit einer langen und auch in jüngerer Zeit immer wieder sehr bewegten Geschichte von Donaumonarchie über deutsche Besatzung und sowjetische Herrschaft bis hin zu einer zunehmend fragilen Demokratie, ist heute geprägt von starken Kontrasten. Neben Ruinen, von denen nicht wenige noch immer auf die Zerstörungen im Zweiten Weltkrieg oder den Aufstand von 1956 zurückgehen, findet Innovation statt, alte Tradition tritt

 Einer der zahlreichen mobilen Bücherstände in Budapest

LOTTÓHÁZ
RESTAURANT
+36 70 525 66 67
Corvin sétány 3.
nyvek
500 Ft-tól

neben Typischem in neuer Erscheinung auf, Ausverkauf auf mehreren Ebenen gleichzeitig existiert im heutigen Budapest dicht neben Eleganz und Aufbruch. Wenn man durch die Straßen geht, erfährt man Budapest sowohl als geschichtsbesessen wie auch geschichtsvergesslich. Die Stadt Budapest ist nichts für Menschen, die Eindeutigkeit brauchen. Noch immer gibt es in Budapest Zeichen nostalgischer Sehnsucht nach den großen Zeiten, sei es der Kommunismus oder die k.u.k. Zeit, Rückwärtsgewandtheit und seit einigen Jahren auch immer mehr von Orbáns Nationalismus, der von den auch schon mehrmals auf dem symbolisch aufgeladenen Hősök tere («Heldenplatz») aufmarschierenden Faschistengruppen rechts überholt wird. Gleichzeitig ist Budapest eine dynamische, multikulturelle Stadt, in der Studierende aus der ganzen Welt lernen, und Umweltschutz beispielsweise wird in vielen Punkten konsequenter und wirksamer umgesetzt als in anderen europäischen Städten. In Budapest finden Demonstrationen für Menschenrechte und Toleranz – auch als Gegendemos auf dem Heldenplatz – oder riesige Fahrraddemonstrationen unter dem Motto «I bike BP» statt, an denen regelmäßig Tausende, nein, Zehntausende von Menschen teilnehmen. Auch die Budapest Pride hat sich zu einem großen, mehrtägigen internationalen Festival entwickelt. In den Ruinen des jüdischen Lebens von gestern, aber auch von heute hat sich eine starke alternative Szene entfaltet, auf einem fragilen Grat zwischen bunter Off-Kultur, flimmernder Kreativität und hedonistischem Partyjuhee.

Unsere Aufmerksamkeit gilt dieser explosiven Verbindung von Gegenwart, Vergangenheit und Zukunft in der Donaustadt heute, in der sowohl Neues im Alten wie Altes in Neuem zu erleben ist, in Form von Umnutzung oder Neudefinition auf vielen Ebenen. Das Budapest des frühen 21. Jahrhunderts boomt, allen widrigen Umständen zum Trotz. Es haben sich neue Kultur- und Kunstzentren, zahllose Ausgeh- und

Auf der Budapest Pride

Freizeitangebote und Orte für besondere Genussfreuden und wieder ein jüdisches Leben entwickelt – wenn dieses auch nicht vergleichbar mit 1920 ist, als fast ein Viertel der Stadtbevölkerung jüdisch war. In diesem Buch möchten wir vom pulsierenden Kulturleben der ungarischen Hauptstadt in all diesen widersprüchlichen Facetten erzählen und den Fokus insbesondere auch auf unbekanntere Seiten und Geschichten Budapests legen, wie sie sich in unterschiedlichsten Orten der Kultur, aber auch des Alltags in der Stadt manifestieren. Die Lektüre dieses Buches soll nicht nur zum Erwandern und vertieften Kennenlernen Budapests einladen, sondern darüber hinaus auch ein Gefühl dafür vermitteln, was jenseits eines vornehmlich touristischen Blicks hinter den für alle Besucherinnen und Besucher sichtbaren Fassaden zu entdecken ist. Budapest verstehen zu wollen, ist ein lebenslanger Prozess angesichts einer faszinierenden, geradezu wilden Fülle an Merkwürdigkeiten im doppelten Sinn.

Die Ungarn könnte man sicher als krisenerprobt bezeichnen, und gerade die älteren Generationen haben eine äußerst wechselhafte Geschichte erlebt, in der alles, was kurz davor noch gegolten hatte, wieder völlig umgekrempelt wurde. Doch die heutige wirtschaftliche Situation ist nochmals ganz neu: Das, was Ungarn in den letzten hundert Jahren wirtschaftlich stark machte, u. a. die Schwerindustrie, liegt heute, soweit noch existent, in den Händen ausländischer Konzerne – insbesondere von Suzuki, Audi, Opel, Mercedes und demnächst BMW. Ungarn ist das Mekka der internationalen Autoindustrie geworden, weil hier Qualität garantiert werden kann und die Löhne dennoch immer noch massiv billiger sind als im westlichen Europa. Unter anderem produzieren auch die Technologiekonzerne Ruag und Bosch in Ungarn. Es gibt Arbeit in Ungarn. Dennoch kämpft das Land um eine stabile Grundlage, denn es hat sich in eine große Abhängigkeit begeben. Diesmal ohne Besetzung, mit einer eigenen Regierung – doch weitgehender als je zuvor. Dabei kann man eine ganz besondere Konstellation von Umständen beobachten, gerade auch aufgrund des jüngeren historischen Erbes, welche das Leben der Budapester bestimmen: Die Spannweite kann ermessen, wer an den McDonald's denkt, der in einem baufälligen Bahnhofsgebäude eingerichtet wurde, an die Tankstellen für Elektroautos auf dem zentralen Oktogon-Platz oder die bröckelnden Fassaden von Häusern, in denen man die aufwendig renovierten Wohnungen, wie es sie gibt, keinesfalls erwarten würde. Neben kulturellen Fragen werden da und dort wie auch schon in dieser Einleitung wirtschaftliche, politische und soziale Themen eine wichtige Rolle spielen – denn sie prägen Budapest: Sie wirken sich, wie die bereits erwähnten Beispiele zeigen, oft ganz direkt auf das Erscheinungsbild, die Stadträume und Topografie, die Außen- und Innenarchitektur und den öffentlichen wie privaten Verkehr der Stadt aus, sie beeinflussen die Einkaufs- und Ausgehgewohnheiten der Menschen und damit auch die spezifische Kultur der Cafés, Bars, Museen, Parks, Denkmäler, überhaupt aller Kultureinrichtungen.

Unser Augenmerk gilt diesen Zusammenhängen – und dies ist der Grund, weshalb dies keiner der Eine-Stadt-in-drei-Tagen-sehen-Reiseführer sein kann. Und weshalb wir viele der bekannten touristischen Sehenswürdigkeiten – wie sie eben in keinem Drei-Tage- oder Eine-Woche-Reiseführer fehlen – nur im Vorbeigehen streifen oder ganz links liegen lassen, um uns umso mehr vielleicht gerade für das zu interessieren, was dicht danebenliegt. Wir möchten Brennpunkte sichtbar machen, wie sie sich an gewissen Punkten in der Stadt bündeln. Kleinen Geschichten und Mini-Reportagen, die anschauliche Einblicke erlauben, geben wir in diesem etwas anderen Budapest-Buch den Raum, den sie unserer Meinung nach verdienen, und wir erörtern, was nicht zuletzt von subjektiven Erfahrungen und Perspektiven geprägt ist, öfter auch in dialogischer Form.

Selbst die meisten, die noch nie in Budapest waren, wissen, dass der Name der Stadt von den Teilen der Stadt herrührt: von Buda und Pest (und genau auch von Óbuda, Alt-Buda). Da das östlich der Donau gelegene, flache und sehr urbane Pest – heute rund zwei Drittel des Budapester Stadtgebiets – kulturell und auch gesellschaftlich unvergleichlich dynamischer als Buda unterwegs ist, kommt Pest bei uns sehr viel häufiger zur Sprache als Buda. Grundsätzlich ist das hügelige Buda ländlicher als Pest, und es weist einige Erben der türkischen Herrschaft auf, so vor allem auch die Badekultur, zu der auch ein Hamam gehört; im Gebiet von Budapest strömen mehr als 120 Heilwasserquellen. Die Geschichte der Rudas-, Király- und Veli Bej- beziehungsweise Császár-Bäder auf Budaer Seite reicht bis ins 16. Jahrhundert zurück. Erst mit dem Höhepunkt der Badekultur in Budapest Ende des 19., Anfang des 20. Jahrhunderts kamen das berühmte Gellért- in Buda und das Széchenyi-Bad im Városliget/Stadtpark von Pest dazu

Blick von der Burg auf der Budaer Seite auf Pest

(wir ziehen das Széchényi dem Gellért vor, doch dazu später, in Kapitel 6). Buda, Óbuda (heute ein Teil des dritten Bezirks, im Norden von Budapest gelegen) und Pest wurden erst 1873 – die Habsburger wiederriefen einen entsprechenden Beschluss der revolutionären Regierung Ungarns von 1849 und verzögerten den Zusammenschluss um mehr als zwei Jahrzehnte – zu einer einzigen Stadt vereinigt. Dazu kommt, dass die erste feste Verbindung über die auf Stadtgebiet 400 bis 500 Meter breite Donau zwischen Óbuda/Buda und Pest – davor existierten nur gelegentlich Pontonbrücken, die aber wegen der Eismassen auf dem Fluss auf den Winter hin stets abgebaut werden mussten – erst 1849 mit der vom Reformer Graf István Széchenyi initiierten Lánchíd, der Kettenbrücke, entstand. Diese sowohl politischen wie geografischen Entfernungen und Trennungen sind wesentliche Gründe für die bis heute fortwirkende Unterschiedlichkeit der heutigen Hauptstadtteile Buda und Pest. Sie waren bis vor knapp 150 Jahren getrennte Städte, ihre eigene Identität haben sie bis heute bewahrt.

Man kann die Geschichte auch so erzählen: Buda oder Pest, das ist für Ungarn eine Art Glaubensfrage, eine grundsätzliche Entscheidung – und im besten Fall einfach ein Grund, über die auf der anderen Seite der Donau zu spotten. Die Pester wissen, dass Buda hübsch und grün ist und man da gerne auf die

Geschichte zurückblickt, aber sie halten seine Bewohner für tendenziell versnobt und langweilig, die Budaer ihrerseits finden Pest schmutzig, laut und grau, sie würden dahin nur zum Arbeiten oder Ausgehen kommen. Womit bewiesen ist, dass die Pesterinnen und Pester Recht haben, nicht? Wir beide jedenfalls lieben eindeutig das quirlige, lebendige, sich jeden Tag verändernde, weltoffene Pest. Aber man kann es auch anders denken: Was wäre Buda ohne Pest, was Pest ohne Buda? Auf jeden Fall nicht Budapest, die Stadt, die sich eben aus solchen und vielen anderen Gegensätzen zusammensetzt – und die von der eindrücklichen, hier mächtig auftretenden Donau sowohl getrennt wie auch verbunden werden.

Wer eine einfache Liste der berühmten und von Touristen meistbesuchten Sehenswürdigkeiten lesen will: Nichts ist einfacher – und langweiliger – als das. Sie finden sich in jedem beliebigen Reiseführer zu Budapest, auch auf unzähligen Websites, unter Mottos und Titeln wie «Not to miss in Budapest»: Dazu gehören immer das Budaer Burgschloss, Fischerbastei, Kettenbrücke, Gellértberg, Andrássy út, Heldenplatz, Váci utca, Parlament, Zentrale Markthalle, das alte Jüdische Viertel, die große Dohány-Synagoge und vieles andere mehr. Doch wir möchten den Blick, wie der Titel unseres Buches klar signalisiert, auf das Abseits der (bekannten) Pfade richten. In verschiedenen Gängen durch die Straßen Budapests, anhand von Beobachtungen und Geschichten und schließlich auch mit vielstimmigen Vorlieben und Empfehlungen entfalten wir die vielschichtige und auch widersprüchliche Atmosphäre dieser einzigartigen, kulturell reichen Stadt. Die Kapitel dieses Buches, auch darin emanzipiert es sich vom Muster herkömmlicher Reiseführer, handeln keineswegs systematisch einen Stadtteil nach dem anderen ab – wenn wir uns auch aus verschiedenen Gründen durchaus einmal auf das eine oder das andere Viertel konzentrieren. Wir folgen nicht in erster Linie dem Kriterium größter geografischer Nähe vom einen zum nächsten, sondern folgen inhaltlichen Zusammenhängen und Assoziationen – und fokussieren nur dann stärker auf einzelne Gegenden Budapests, wenn die Verbindung topografischer, gesellschaftlicher und kultureller Fragestellungen spezifische Ballungen hervortreten lassen.

Im ersten Kapitel erzählen wir, weshalb sich, in Bezugnahme auf eine ungarische Redewendung, in Budapest hinter Rost oft Gold verbirgt und wo man noch viel von der Stadt sehen kann, wie sie vor zwanzig oder dreißig Jahren aussah – also noch nicht lange nach der Wende und dem Fall des Eisernen Vorhangs. Das zweite Kapitel widmen wir kontrastreichen, noch nicht durchgentrifizierten Gegenden Budapests. Insbesondere in Józsefváros und in Ferencváros, also im achten und neunten Bezirk der Stadt, stehen alte Warenhäuser neben Luxushotels, Ruinen des Volksaufstands neben Shoppingmall und Neubau-Siedlung. Daran schließt ein Kapitel an, in dem wir von Orten in Budapest sprechen, wo Neues im Alten entsteht, Avantgarde zu Kommerz geworden ist – und wohin in der Stadt eindrucksvolle Zeitreisen möglich sind. Kapitel vier widmen wir der jüngeren Geschichte der Kulinarik in Budapest. Heute ist die Restaurantlandschaft in Budapest international, doch das ist noch nicht lange so. Wo gibt es das beste Gulasch, den besten Császármorzsa (Kaiserschmarren), was ist von Streetfood wie Lángos oder Kürtöskalács in Budapest zu halten? Und wie kocht man ein schmackhaftes Pörkölt?

Das Essen in Budapest ist auch von jüdischer Kultur geprägt. Dies ist deshalb so, weil Budapest bis vor dem Zweiten Weltkrieg eine sehr jüdische Stadt war. Dann erhielten die Faschisten in Ungarn mit der deutschen Besetzung die Macht und ein Massenmorden realen, aber doch letztlich eigentlich unvorstellbaren Ausmaßes setzte ein. Wir zeigen, wo man sich in der Stadt an diese grausame Geschichte erinnert. Aber das jüdische Leben hat in der ungarischen Hauptstadt mit der Schoah nicht zu existieren aufgehört, und in den letzten Jahren ist es sogar wieder immer mehr aufgeblüht. In Budapest kann man an vielen Orten koscher essen, und es gibt für Juden, aber auch Nicht-Juden aus aller Welt geradezu unzählige Möglichkeiten, in jüdische Kultur einzutauchen, diverse Aktivitäten mitzuerleben oder Gemeinschaften kennenzulernen. Das letzte Kapitel führt zu Orten der Fotografie, zum Budapester «Broadway», in der Straßenbahn sitzend der Donau entlang bis hin zum hochmodernen Palast der Künste.

Die Kapitel dieses Buches alternieren mit Empfehlungen zu Restaurants, Bars, Cafés, von denen nicht wenige auch als interessante Kulturorte zu entdecken sind. Um eine möglichst abwechslungsreiche Palette zu präsentieren, in welcher, sind wir nun sicher, jeder und jede mehrere Orte, die ganz nach seinem oder ihrem Gusto sind, findet, haben wir Freunde und Bekannte, von denen viele im Kultursektor tätig sind – Budapesterinnen und Budapester oder in Budapest seit Jahrzehnten Wohnhafte, aber auch Ungarinnen und Ungarn, die Budapest sehr gut kennen –, um ihre ganz persönlichen Tipps gebeten. Die Zusagen kamen schnell und begeistert. Und auch wir sind begeistert, denn mit dieser Öffnung und Erweiterung von zwei Mündern und Geschmackssinnen auf über ein Dutzend ist ein einzigartiges polyphones Potpourri aus dem jeden hungrigen Besuchermagen ansonsten vollkommen überfordernden

Streetfood: Das berühmte Lángos schmeckt nur frisch zubereitet!

Großstadtüberangebot an bodenständigen, exquisiten, originellen, exotischen, quirligen Gaststätten entstanden. Das Buch beschließen wir mit einer geballten Ladung an praktischen Hinweisen und Empfehlungen zu ausgewählten Frühstückscafés, Hotels/Herbergen, Kuriositäten und grünen Lungen. Wir beantworten auch die Frage, ob es sich lohnt, eine Reise nach Budapest mit einem Besuch beim Zahnarzt zu verbinden. Doch selbst bei all der Dichte an Impressionen und Informationen kann ein Buch – ergänzt durch aktuelle Hinweise auf unserer Website www.localstories.ch – nur einen Bruchteil der Vielschichtigkeit Budapests einfangen. Wir geben Einblicke, erzählen Geschichten, regen zu Perspektiven der Betrachtung und Entdeckungen an – doch letzten Endes muss jeder und jede sein oder ihr eigenes Budapest entdecken. Dazu möchten wir mit diesem Buch einladen.

400
iskola
VÉR
OS ISKOLA
jogsi.hu

Zu Fuß unterwegs – der Blick der Straße

Wir gehen gern zu Fuß durch Städte. So entdeckt man viele Details, die sich einem beim Vorbeifahren nicht erschließen, man kann anhalten, wo und wann immer man will, um etwas genauer ins Auge zu fassen. In den Rhythmus einer Stadt kann man sich, sind wir überzeugt, nur hineinspüren, wenn man sich – mit guten, bequemen Schuhen ausgerüstet – zuerst einmal auf die Augenhöhe einlässt, die den Blick auf eine urbane Landschaft prägt: die der Straße.

Geht man zu Fuß durch die Straßen Budapests, sieht man viele Häuser, an denen der Verputz abbröckelt, manche Häuser sind sogar in sehr marodem Zustand, sodass man mit Blick auf die Fassade, Fenstervorbauten oder Dachgesims fürchtet, ob einem vielleicht ein Stück Verputz oder anderes auf den Kopf fällt. Aber zugegeben, das ist keinem von uns beiden bisher geschehen.

Auf den ersten Blick könnte man denken, das sei einfach so, weil das Geld fehlt. Das stimmt nur teilweise, beziehungsweise: Die Hintergründe des Phänomens sind komplizierter – und viel interessanter und mehrschichtig. Und die Geschichte dahinter sagt viel mehr über die jüngere Vergangenheit und Gegenwart Budapests aus, als man vermuten würde.

Solche Häuserzeilen beziehungsweise ganze Straßenzüge findet man auch noch in mittlerweile gehobenen Stadtteilen wie beispielsweise in Terézváros, auf Deutsch Theresienstadt, dem sechsten Bezirk in Pest, wo sich viele Botschaften niedergelassen haben, so unter anderem die argentinische, die russische, die chinesische oder auch die französische. Biegt man

hier von einer gepflegten, repräsentativeren Straße nur um die nächste Ecke, befindet man sich in einer anderen Zeit, einer anderen Stimmung. Das kann man erleben, wenn man vom Prachtboulevard, der Andrássy út, die vom Deák Ferenc tér bis zum Hősök tere, dem Heldenplatz, führt, beim Oktogon (nach Nordosten blickend) nach links kurz den Teréz körút entlang und dann nach rechts in die Aradi utca oder in die nächstfolgende, die Szondi Straße, geht. Die Aradi und die Szondi utca vermitteln ein Gefühl davon, wie früher große Teile Budapests ausgesehen haben, bevor – einige Jahre nach der Wende – viel Bausubstanz restauriert und renoviert worden ist. Die Aradi und insbesondere auch ihre etwas weiter nördlich einsetzende (Parallel-)Straße Kmety György utca sind eng, die Autos rattern über die alten Pflastersteine, die Straßenbeleuchtung ist spärlich bis schummrig, manche Häuser müssen dauerhaft von Gerüsten gestützt und Fassaden oder Dächer wegen Einsturz- oder Abbröckelgefahr gar eingepackt werden.

Was man nicht sieht und nicht wissen kann, wenn man als Tourist in Budapest unterwegs ist: Der Anblick täuscht. Denn hinter diesen Fassaden verbirgt sich manche luxuriöse Wohnung. Das hat damit zu tun, dass der ungarische Staat nach der Wende allen, die einen gültigen Mietvertrag vorweisen konnten, die Wohnung gegen einen eher symbolischen Betrag zum Kauf anbot. Mietwohnungen wurden da in großem Stil in Eigentum umgewandelt. Man kann auch sagen, so zog sich der Staat elegant aus der Verantwortung – doch das Geniale daran war natürlich: Mit dieser Maßnahme konnte verhindert werden, dass Millionen obdachlos wurden und ins Elend abrutschten. Und sie rettete Tausende von Wohnungen vor dem Abriss und dem Bau teurer Neubauten, in denen zu wohnen sich erst recht niemand hätte leisten können.

Die Wohnhäuser wurden also nicht dem freien Markt überlassen. Deshalb gibt es heute sehr viele Wohnungseigentümer in Ungarn, die zudem meist keine Hypotheken abbezahlen müssen. Natürlich aber fanden Banken, die österreichische Bank *Die Erste* beispielsweise, auch hier eine Marktlücke und machten Werbung für Hypotheken in Schweizerfranken; sie erklärten zuerst, was eine Hypothek war und sagten den Leuten: Du könntest eine größere und schönere Wohnung haben, wenn du den Betrag verdoppelst; und deine Wohnung nehmen wir als Sicherheit. Die Hypotheken wurden in Schweizerfranken angeboten, der galt als stabile Währung, auf die man wenig Zinsen zahlen musste – im Gegensatz zum ungarischen Forint. Aber als die Wirtschaftskrise 2008 kam, hatten Zehntausende ein schnell wachsendes Problem: Der Franken blieb stabil, musste aber in Forint bedient werden. Und sie verloren ihre Wohnungen … So entstand ein blühender Handel mit den Eigentumswohnungen. Das hatte massive Preissteigerungen zur Folge. Seit der Wende haben sich die Immobilienpreise beinahe verzehnfacht, und in den letzten zehn Jahren haben sich die Wohnungspreise in besseren Gegenden Budapests fast verdoppelt. Das wiederum bewirkt, dass heute viele ältere Leute ihre Wohnung in guter Lage verkaufen und sodann für ihre erwachsenen Kinder kleinere Wohnungen in der Stadt kaufen, während sie selbst in ein Neubaueinfamilienhaus auf dem Land ziehen. So schichtet sich die Bevölkerung in Budapest um, und dadurch verändert sich auch die Stadt, sie ist tendenziell jünger geworden – insofern, als die Generation der heute rund 25- bis 45-Jährigen Ungarn in Budapest eine eigene Wohnung besitzen, während die ältere Generation in die umliegenden Orte zieht. Beliebt ist unter anderem das rund zwanzig Kilometer entfernte Dorf Szentendre, das als malerisches Künstlerstädtchen bekannt ist – Ende der 1920er-Jahre wurde hier eine Künstlerkolonie begründet – und sich wegen der barocken Romantikarchitektur, vielen Galerien und Museen zu einem beliebten Ausflugsort entwickelt hat. Dazu kommt, dass Budapest für Studierende aus dem Ausland immer interessanter geworden ist, weil es zum einen hier gute internationale

Universitäten wie die Semmelweis Universität für Medizin und Sport gibt, zum anderen, weil das Freizeitangebot für Junge mittlerweile sehr attraktiv ist.

Zurück zum Straßenbild – zu den baufälligen Häusern oder erheblichen Fassadenschäden, die beim Gang durch viele Straßen in die Augen fallen: Ein anderes Problem war und ist, dass viele Budapester immer noch nicht damit umgehen können, dass sie nun selbst für die Wohnungen verantwortlich sind. Viele fühlen sich nicht zuständig für beispielsweise den Eingangsbereich, das Treppenhaus, das Dach einer Liegenschaft; manche meinen noch immer, darum solle sich der Staat kümmern und die nötigen Renovationsarbeiten finanzieren. Manche wiederum besitzen zwar eine Wohnung, aber haben zu wenig Geld, um aufwändige Renovationsarbeiten zu bezahlen. Und deshalb sehen manche Häuser und ganze Straßenzeilen von außen so aus, wie sie aussehen. «Es ist nicht alles Gold, was glänzt», lautet ein altes Sprichwort; in Ungarn gibt es indes eine Redewendung, die zu diesem Thema sehr gut passt: «Nem fog aranyon a rozsda». «Rost kann Gold nicht schaden». Wenn die Hausgemeinschaften der Eigentümer auch dringend notwendige Renovationen nicht angehen, kann es sein, dass die Baupolizei einschreiten muss, um das Schlimmste – einen Einsturz oder einen Brand – zu verhindern.

In der Aradi oder der Szondi utca gibt es also durchaus schön renovierte Wohnungen des gehobenen Mittelstands, ja, diese Straßen liegen genau genommen an zentraler, um nicht zu sagen: an Toplage in Budapest. Hier kann man täglich eines dieser Pariser Staubsaugerfahrzeuge sehen, die allein dazu da sind, den Hundedreck verschwinden zu lassen. Vor einigen Jahren gab es nämlich sehr viele Hundebesitzer in Budapest; diese Mode hat sich nun wieder abgeschwächt. Wenn bisweilen die Straßenbeleuchtung schlecht und der Gehsteigbelag brüchig ist, so ist Budapest im Vergleich mit vielen anderen Großstädten im Allgemeinen verhältnismäßig sauber.

Wer gerne wie wir zu Fuß durch Städte geht, erspart sich viele unnötige Meter, wenn er die wichtigsten Namen der Bezeichnungen von größeren und kleineren Straßen und Plätzen in einer Stadt in der jeweiligen Landessprache kennt und entsprechend beim Lesen eines Stadtplans richtig interpretieren kann. Hier deshalb eine kleine Einführung in die Aussprache des Ungarischen und zu den wichtigsten Begriffen:

sz im Ungarischen spricht man als scharfes, stimmloses s aus, zs hingegen als stimmhaftes sch. cs entspricht tsch. Ein einleuchtendes Beispiel? szendvics = Sandwich. Ein c wird als ts ausgesprochen. Der Name des ungarischen Politikers und Journalisten Bajcsy-Zsilinszky, den man auf der alten, gelben Metrolinie hört und liest, wenn man vom Oktogon-Platz in Richtung Heldenplatz fährt, ist diesbezüglich ein Zungenbrecher für Deutschsprachige – und deshalb ein gutes Übungsfeld …

Und hier die wichtigsten Straßen- und anderen Bezeichnungen, um ohne größere Probleme in Budapest Weg und Zielort zu finden:

Ungarisch für Deutschsprachige (Ausschnitt aus einem alten Baedecker)

Vokals. Betont wird die erste Silbe des Wortes.
r den Reisenden wichtigsten Wörter sind etwa: *szá*
ogadó **Gasthaus,** *sörház* **Bierhaus,** *czukrászda* **Kondit**
, *szoba* **Zimmer,** *étterem* **Speisesaal,** *ágy* **Bett,** *lepe*
er, *víz* **Wasser,** *szappan* **Seife,** *törülköző* **Handtuch,** *g*
Zimmermädchen, *pinczér* **Kellner,** *tányér* **Teller,**
sse, *palaczk* **Flasche,** *villa* **Gabel,** *kés* **Messer,** *kanál*
Tee, *tej* **Milch,** *kenyér* **Brot,** *vaj* **Butter,** *hus* **F**
ein (*fehér* **weiß,** *vörös* **rot),** *sör* **Bier,** *só* **Salz,** *szivar*
k; — *vaspálya* **Eisenbahn,** *gyorsvonat* **Schnellz**
nenzug, *női szakasz* **Damenabteil,** *nemdohányzók* **N**
audvar **Bahnhof,** *váróterem* **Wartesaal,** *bejárat* **Ein**
állomásfőnök **Bahnhofsvorstand,** *pénztár* **Fahrka**
ufbewahrungstelle von Handgepäck, *podgyász-vev*
us **Portier,** *hordár* **Gepäckträger,** *kalauz* **Schaffner,**
férfiak **oder** *uraknak* **Abort für Männer,** *nők* **oder**
; — *gőzhajó* **Dampfschiff,** *csolnak* **Boot,** *komp*
ölegény **Ruderknecht,** *vitorla* **Segel; —** *bérkocsi* **Fiak**
pferd, *nyereg* **Sattel,** *vezető* **Führer,** *kocsis* **Kutscher,** *s*

utca: Straße (beziehungsweise in Österreich eine *Gasse,* die englische Entsprechung wäre am ehesten eine *street*)

út: Große Straße, je nachdem in der Art eines Boulevards oder aber auch in Gestalt einer unfreundlichen, viel befahrenen Ausfallstraße; die út kann also tendenziell einer *road* im Englischen entsprechen, jedoch nicht zwingendermaßen.

Weshalb eine Verkehrsverbindung bzw. eine Straße, *utca* oder *út* heißt, ist mit Blick auf Plan oder Realität nicht immer ersichtlich, weil dahinter eine längere Stadtentwicklungsgeschichte steht. Aber grundsätzlich kann die Aufmerksamkeit auf den Unterschied zwischen diesen beiden Typen von Straßen viel Ärger ersparen, wenn man Budapest erkunden will.

«Ich bin doch tatsächlich vor vielen Jahren einmal zwei Stunden auf einer Straße auf und ab geirrt und habe die schöne Einkaufsstraße gesucht, von der mir meine Mutter vorgeschwärmt hat», erzählt M. «Bis ich endlich jemanden fragte – und dann stellte sich heraus, dass ich auf der Váci út stand und nicht auf der Váci utca … Die Váci út war eine halbe Autobahn in einem Industriegebiet, die Váci utca hingegen ist eine vornehme Flaniermeile in der Altstadt von Budapest – heute Fußgängerzone –, unweit vom Vörösmarty tér und dem Ufer der Donau … Tja, so kann man sich irren. Zwei Buchstaben machen da einen sehr großen Unterschied!»

Wie auch beispielsweise in Wien ziehen sich durch Budapest (Pest) lange Ringstraßen, ungarisch: *körút* (in Stadtplänen oft abgekürzt mit *krt.*; zusammengesetzt aus *kör* für Ring, *út* für größere Straße). Die älteren, historischen Ringstraßen, wie sie vor allem im 19. Jahrhundert angelegt wurden, führen um einen Stadtkern herum. In Budapest gibt es den engeren Ring und den größeren Ring. Der sogenannte Kiskörút, also der Kleine Ring (*kis*: klein), umschließt das Pester Stadtzentrum und wurde anstelle der ehemaligen Stadtmauern gebaut; diese

Ringstraße setzt sich aus Károly körút, Múzeum körút und Vámház körút zusammen (der Halbkreis ist unvollständig). Der Nagykörút (*nagy*: groß), der Große Ring, an dessen Stelle sich einmal ein flacher Nebenarm der Donau erstreckte, ist rund vier Kilometer lang, großzügig breit, meist mit Straßenbahnschienen in der Mitte, oft auch Bäumen auf den breiten Gehsteigen. Diese längere Ringstraße besteht aus Szent István körút, Térez körút, Erzsébet körút, József körút, Ferenc körút und kreuzt sich am Oktogon Platz mit der bereits erwähnten schnurgeraden Andrássy út. Weiter außen gibt es auch noch den Hungária körút, dreizehn Kilometer lang mit sechs bis zehn Fahrspuren nebeneinander, gebaut von 1980 bis 2000 als eine wichtige Verkehrsachse. Doch während Kis- und Nagykörút Innenstadtstraßen sind, in denen man interessante Orte und Geschäfte entdecken kann, ist diese dritte Ringstraße eine reine Verkehrsbewältigungsachse mit entsprechend unwirtlichen Begleiterscheinungen. Diese zentralen, im Stadtplan von Budapest als markante Halbrunde einfach erkennbaren Straßenzüge helfen allen Ortsunkundigen für eine erste Orientierung.

Sodann gibt es die häufigsten Bezeichnungen für Plätze:

tér: Platz

köz: kleiner Platz (wörtlich Zwischenraum, Stelle)

körönd: ein kreisförmiger Platz, im Englischen kennt man hierfür die Bezeichnung *circus*

tér kommt im Budapester Stadtplan häufig vor: Vörösmarty tér, Széll Kálmán tér, Deák Ferenc tér, Batthyány tér, der Móricz Zsigmond tér in Buda … In der Verbindung mit einer Bezeichnung wird das *tér* bisweilen (aus grammatikalischen Gründen, die wir hier nicht ausführen) zu *tere:* Hősök tere (Heldenplatz).

Der bekannteste und repräsentativste runde Platz in Budapest ist der Kodály körönd, den die Andrássy út durchquert.

Am Kodály köröndi: Nach einem schweren Brand ist der Prunkbau endlich wieder instand gesetzt worden.

Nach einem schweren Brand standen die Gebäude in einem Teil des Kreises jahrelang leer, 2019 begannen endlich die Renovationsarbeiten – und mit ihnen wird der Kodály körönd, benannt nach dem bekannten ungarischen Komponisten Zoltán Kodály, der mit seinem Freund Béla Bartók einer der wichtigen ungarischen Volksliedforscher war, wieder als das architektonische Prunkstück sichtbar, das er ist. Auf dem Kodály körönd stehen vier Statuen – drei von ihnen stellen ungarische Kriegshelden aus dem 16./17. Jahrhundert dar, aber einer von ihnen auch einen Poeten: Bálint Balassi. Namen von Künstlern – überwiegend Männern – begegnet man in Budapest in Form von Straßennamen öfter als auch heute noch beispielsweise in Zürich oder Basel. In Budapest erinnert man auf diese Weise beispielsweise an die Künstler Sándor Petőfi, Arany János, József Bajza, Mihály Munkácsi, Ferenc Liszt, Ede Paulay, Sándor Brody, Imre (Emmerich) Kálmán, Léo Weiner und viele, viele mehr. Übrigens schreibt man im Ungarischen immer zuerst den

Familiennamen, es würde also eigentlich heißen: Petőfi Sándor, Arany János …

1938 wurde der sorgfältig gestaltete runde Platz mit einer Haltestelle der ältesten Metrolinie Budapests – die «Földalatti», nach dem Vorbild der London Underground abgeleitet von föld: Erde und alatt: unter benannt, besteht seit 1896 – in Hitler Adolf tér umbenannt, 1945 wieder in Köröond, Kodály köröond heißt er seit 1971. So haben viele Straßen und Plätze in Budapest vor allem im 20. Jahrhundert ein- bis zweimal ihre Namen gewechselt. Die heutige Andrássy út erhielt nach der Wende – vor der sie viele Jahre Népkösztársaság ut (Straße der Volksrepublik) hieß – wieder den Namen, den sie ab 1885 getragen hatte (nach ihrer Fertigstellung 1876 war sie zuerst Sugárút: Radialstraße genannt worden). 2011 wurde auch der Köztársaság tér in II. János Pál (Pápá) tér (nach Papst Johannes Paul II.) umbenannt.

Das markanteste Beispiel ist der Széll Kálmán tér. Namenlos bis 1929, erhielt er seinen Namen von Kálmán, einem der ungarischen Premierminister, der um 1900 in diesem Amt wirkte. Nach dem Zweiten Weltkrieg hieß er für kurze Zeit Sztalin tér, dann wurde er in Moszkva tér umbenannt, bevor die Fidesz-Partei ihn 2011 mit Unterstützung von Stimmen der rechtsextremen Jobbik-Partei wieder zum Kálmán tér werden ließ. Ein anderes Beispiel ist der Roosevelt tér, der vor einigen Jahren von der Fidesz in Széchenyi István tér umbenannt wurde. Das waren Aktionen, denen viele Budapester mit Unverständnis begegneten.

Aber in Ungarn war die Verfügung über den öffentlichen Raum und die nationale Gedächtniskultur schon früher ein ‹Sport› der Politiker. Bereits im Zuge der ungarischen Revolution 1848/49 kam es zu zahlreichen politisch motivierten Umbenennungen von Straßen und Orten in Budapest – und diese Praxis erfuhr mit dem Ersten und dem Zweiten Weltkrieg sowie mit 1989 und der nationalkonservativen Fidesz-Partei an der Macht jeweils eine starke Zunahme. So hieß der Oktogon-Platz vor 1920 Nyolcszög tér (Achteck Platz), das Jahr 1936 brachte ihm die zweifelhafte Ehre, den Namen Mussolini tér zu tragen, 1956 hieß er dann wieder Oktogon, ab 1950 vierzig Jahre lang November 7.-tér (in Erinnerung an die russische Oktoberrevolution) und erst ab 1990 wieder Oktogon. Die Stadtverwaltung griff in den 1990er-Jahren und danach sehr oft auf Benennungen aus der Zeit der Doppelmonarchie oder auch der Horthy-Ära zurück. Die häufigen Umbenennungen sind direkter Ausdruck der vielen Regimewechsel Ungarns, Manifestation der Inbesitznahme und Deutung des öffentlichen Raums und immer auch ein Zeichen für die Haltung der jeweiligen Machtzentrale über die Interpretation der Geschichte. (Wer mehr zu diesem Thema erfahren will, dem sei das Buch *Geschichtspolitik im öffentlichen Raum* empfohlen; vgl. Literaturliste im Anhang.)

Wer nach einem längeren Fußmarsch oder Spaziergang müde wird, dem empfehlen wir, mindestens einmal mit der alten Földalatti (gelbe Linie von Vörösmarty tér bis Mexikói út) zu fahren – und dann, als Kontrastprogramm – in die hochmoderne Metrolinie Nummer 4 zu steigen.

Sie wurde 2014 nach rund zehn Jahren Bauzeit fertiggestellt und verbindet Buda und Pest durch einen Tunnel unter der Donau hindurch. Dringende Empfehlung: zwischen Keleti pályaudvar (Ostbahnhof) und Kelenföldi pályaudvar (ein großer Bus- und Zugbahnhof, ein Pendlerverkehrsknotenpunkt auf der Budaer Seite) an jeder Station aussteigen – die Züge fahren so oft, dass man nie lange warten muss –, herumgehen bis zum oberirdischen Eingang und staunen. Denn jede einzelne Haltestelle wurde von Architekten, Theater- und Lichtdesignern und Künstlern gestaltet, von denen mittlerweile mehrere für ihre Arbeit mit Preisen ausgezeichnet worden sind. Mächtige Stahlbetonbalken sichern die Stationen rechts und links der Donau gegen Boden- und Grundwasserdruck, viele der weiten

Räume sind mit Sichtbeton gebaut. Hier ist ein überraschender neuer Stadtraum entstanden, ein Gegenstück zu Jugendstil, Sezession und Historismus der oberirdischen Stadt – mit ganz neuen Dimensionen. Wenn man sich durch die Stationen bewegt, hinaus oder hinein, erlebt man spielerische Kreativität in Form immer wieder anderer Bühnenbilder. Bei der einen Station wird das Tageslicht über große, bewegliche Spiegel nach innen projiziert, eine andere erinnert an ein Schloss; in einer zieren Karikaturen die Wände, und aus einer anderen taucht man auf wie aus einem Wal, durch das Dunkel ans Tageslicht. Metro- beziehungsweise Bus- oder Tramfahren in Budapest ist übrigens günstig, und man kann wie fast überall in größeren Städten Tages- oder Dreitageskarten kaufen, oder zehn Karten auf einmal (die schmalen Tickets druckt der Automat schön langsam eines nach dem anderen aus) – das Lösen von Tickets ist aber relativ unkompliziert und auch für des Ungarischen nicht Mächtige bewältigbar, mit englischer Sprachversion und einem übersichtlichen Touchscreen, der einen Schritt für Schritt durch die Prozedur führt; am Ende kann man einfach kontaktlos mit Kreditkarte zahlen. In Ungarn dürfen übrigens alle, die über 65 Jahre alt sind, im ganzen Land sowohl Tram, Bus wie U-Bahn, S-Bahn (HEV) und Bahn gratis fahren. Ob das auch von Besucherinnen und Besuchern aus dem Ausland in Anspruch genommen werden kann? Dazu gibt es je nachdem, wo und wen man fragt, unterschiedliche Angaben. Die einen sagen, das gelte nur für EU-Bürgerinnen und -Bürger, also nicht auch für beispielsweise Schweizerinnen und Schweizer. Dann wieder heißt es, das gelte nur für die zweite Klasse Bahn, aber nicht für die erste (und auch zum Beispiel nicht für IC-Platzkarten).

Man brauche nur einen gültigen Lichtbildausweis, den man vorweisen kann, sagen die einen, wieder andere, man müsse sich eine offizielle Bestätigung holen. Wir haben die Information erhalten, dass das mit den EU-Bürgern, der zweiten

Eine Haltestelle der hochmodernen Metrolinie 4

Klasse und dem gültigen Lichtbildausweis stimmt. Platzreservationen muss man aber (natürlich) immer bezahlen. Typisch ungarisch ist zu sagen, dass es besser wäre, man hätte einen offiziellen Ausweis, dass man berechtigt ist, gratis zu fahren. In der Realität sieht es so aus, dass ältere Leute in den öffentlichen Verkehrsmitteln meist schon gar nicht mehr kontrolliert werden. Das Ticketkontrollpersonal und auch die Buschauffeure sind zudem meistens ausnehmend freundlich beziehungsweise nachlässig. Kontrolliert wird, aber nicht konsequent und flächendeckend, vor allem beim Betreten einer Station, neben dem Entwerter, in den die zeitlich beschränkten Einzeltickets geschoben werden müssen; sporadisch gibt es Kontrollen während der Fahrt, aber beim Verlassen einer Station gibt es keine zweite Prüfung. Man setzt in Budapest also auf Prävention, nicht auf Bestrafung; Fazit: ein geradezu angenehmes und deshalb ganz konträres Erlebnis zu den ÖV-Kontrollen in vielen anderen europäischen Ländern. Und ja, man kommt auch als Schweizerin und Schweizer mit 65 Jahren oder mehr und einem gültigen Personalausweis ohne Busse durch. Während der Covid-Pandemie, in der Lockdown-Zeit, durften übrigens alle ohne gültige Tickets fahren, um Ansteckungen über die Automaten und Entwerter zu vermeiden.

Eine andere Möglichkeit, auf interessante und unkomplizierte Weise durch die Stadt zu kommen, wenn die Füße versagen, sind die öffentlichen Bike-Sharing-Systeme. Wie in vielen größeren Städten gibt es in Budapest zumindest in der Innenstadt an vielen Orten Stationen, wo man sich ein Fahrrad für kürzere oder längere Zeit ausleihen kann.

In Budapest sind die Anbieter mit den meisten Stationen MOL BuBi der Budapester Verkehrsbetriebe (hellgrüne Räder) und Donkey Republic (orange Räder): eine ökologische Bike-Sharing-Initiative, die ihren Ursprung in Kopenhagen nahm und innerhalb von wenigen Jahren Standorte in 71 Städten geschaffen hat. Bis heute bewährt sich das System von

Ticketautomaten am Széll Kálmán tér

Donkey Republic übrigens für Auswärtige besser: Anmeldung und Ausleihe sind einfacher auszuführen, und die Beratung per Telefon oder Mail funktioniert gut. Die Qualität und vor allem die Wartung der Fahrräder indes ist bei diesen zwei Anbietern in etwa vergleichbar.

MOL BuBi-Fahrräder
Informationen, Anleitung und Anmeldung:
www.molbubihu.bkk.hu

Donkey Republic-Fahrräder
Informationen, Anleitung und App zum Herunterladen:
www.donkey.bike

low Zebr
Rent a Bike

Auch ein Anbieter für Bikesharing

Restaurantempfehlungen 1

Lorenzo Molinari, 55 Jahre alt, Humanist, kann auf zwanzig Jahre Lebenserfahrung in Budapest zurückblicken. Er ist hauptberuflich als Personalberater tätig und arbeitet nebenberuflich für ein Schweizer KMU in Zürich als Buchhalter. Als Freiwilliger leitet er die Redaktion von pressenza.com, einer internationalen Presseagentur. Er empfiehlt:

Claro Bisztro
Für mich hat das Lokal eine coole Atmosphäre, das Personal ist aufgestellt. Eines der wenigen Restaurants, in dem man Filet zu einem vernüftigen Preis erhält. Außerdem ist es zentral gelegen! Das Menü wird immer wieder angepasst, aber insbesondere die üblichen köstlichen Filets sind weiterhin auf der Karte zu finden.
Ráday utca 31, www.clarobisztro.hu

Pántlika
Am Rand des Stadtparks gelegen, im Retrostil, die Zeit scheint stehen geblieben … Jede Menge verschiedene Burger und gute Limonade. Bestellung am Tresen, der Namen wird dann ausgerufen. Nur im Sommer offen! Zurzeit ist es unsicher, wie lange es noch offen bleibt, wegen dem Hin und Her um den Umbau des Parks.
Hermina út 47-tel szemben, www.pantlika.hu

Lorenzo Molinari

Claudia Hegedűs und Daniel Kardos

Vendetta – Pasta e basta
Zentral in der Budapester Einkaufsmeile zu finden. Habe da bisher nur Pizza gegessen, aber die waren echt gut, wie in Italien. Ein wenig teuer, aber echt GUT! (und das sagt ein Italiener).
Váci utca 16, www.vendettapasta.hu

Étterem
Eine richtige Kneipe mit den für mich typischen Separees in ungarischen Restaurants. Slowakische Spezialitäten, die Kleider riechen nach einem Besuch nach allen Gerichten – aber an sich mal etwas anderes. Bedienung ist manchmal mürrisch drauf, aber das gehört dort irgendwie dazu.
Bihari János u. 17, www.szlovaksorozo.com

Daniel Kardos und Claudia Hegedűs leben und arbeiten in Budapest. Sie 51, ist Journalistin, er 42, Fotograf.

Ihre Empfehlung ist das **Hotel Benczúr**:
Das Benczúr Hotel ist eine grüne Insel in Budapest, abseits vom Trubel und dennoch im Stadtzentrum. Das Personal des Hotels, wie wir persönlich von vielen Besuchen bezeugen

können, kümmert sich nicht nur auf hohem Niveau, sondern mit beinahe familiärer Zuwendung um die Gäste. Die Veranstaltungsräume des Benczúr Hotels im Botschaftsviertel können auch für Geburtstage, Hochzeiten, Treffen mit Freunden, Geschäftsverhandlungen, Seminare, Workshops und Team-Schulungen genutzt werden. Für uns ist das Benczúr das beste Restaurant in Budapest seit dem 21. Dezember 2018. Wir haben dort unsere Hochzeitsfeier organisiert und können nur in Superlativen über den professionellen Service sprechen. An diesem Nachmittag veranstaltete dort auch eine Gruppe von hundert Kardiologen ihre Weihnachtsfeier. Glücklicherweise brauchte keiner unserer Hochzeitsgäste die Hilfe der Ärzte, die sich im Nebenzimmer vom alten Jahr verabschiedeten. Im reichen Angebot an Speisen und Getränken im hoteleigenen Restaurant Zsolnay findet jeder etwas nach seinem Geschmack: ungarische Spezialitäten oder moderne vegetarische Gerichte. Das intime À-la-carte-Restaurant des Hotels Benczúr ist ganzjährig geöffnet, im Sommer kann man auch im Garten sitzen. Es lohnt sich, diesen Ort auch für einige Tage Budapest zu wählen.
Benczúr utca 35, www.hotelbenczur.hu

Pál Lederer, Budapester, langjähriger Redaktor der Zeitung Népszabadság, Medienberater, Journalist im Ruhestand, empfiehlt:

Ferdinand – Monarchia Étterem és Cseh Sörház
Ohne Übertreibung: Schon von diesem Namen wird man satt! Seit mehr als zehn Jahren gibt es dieses schöne Restaurant in einer der Seitenstraßen der Andrássy út an der Kreuzung Szív/Aradi utca und bietet seinen in- und ausländischen Gästen die Aromen der Monarchie und besonders ausgezeichnete tschechische Biere an. Eine unverzichtbare Vorspeise im Ferdi sind die

Pál Lederer

Wenzel-Platz-Wurstvariationen mit saurem Kraut und süßem Senf, die von mindestens einem Gläschen Slivovice-Pflaumenschnaps begleitet werden sollten. Als Hauptgericht empfehle ich den Prager Altstadt-Schweinebraten, da er neben meinem Favoriten, dem roten Ferdinand-Fassbier, selbstverständlich mit Knödel und Bierbratensauce serviert wird. Wenn man noch Platz hat, gibt es eine Ladung Kaiserschmarren mit hausgemachter Erdbeermarmelade.
Ferdinand – Monarchia Étterem és Cseh Sörház («Monarchie-Speisesaal und Tschechisches Bierlokal»), Szív utca 30, www.ferdi.hu

Unser Hinweis dazu: Unweit vom Ferdinand an der Szív utca 16 findet man eine Gedenktafel für den Schriftsteller Arthur Koestler (1905–1983) – der Verfasser von u.a. *Sonnenfinsternis/ Darkness at Noon* und *Thieves in the Night* wurde hier in diesem Haus geboren.

Gombold
újra!
DIVATA
MAGYAR

Kontraste – Ungleichzeitigkeit der Gleichzeitigkeit

In den letzten fünfzehn bis zehn Jahren hat sich Budapest bereits stark verändert. Die Stadt hat in weiten Teilen den Ostblock-Groove abgeschüttelt, bewegt sich in vielen Bereichen wach und dynamisch. Wer aber die Mehrschichtigkeit Budapests und die durchaus noch existierende Ungleichzeitigkeit in der Gleichzeitigkeit erleben will, besuche Józsefváros, auf Deutsch: Josefstadt, den achten Bezirk der Stadt, und Ferencváros, Franzstadt, den neunten Bezirk. In Józsefváros insbesondere ausserhalb des Nagykörút, wie auch in Ferencváros, von der Szabadság híd (Freiheitsbrücke) an der Donau südwärts bis weiter östlich, sind Strukturwandel und Gentrifizierung viel weniger zu spüren. Die Rákoczi út, eine vielbefahrene Ost-West-Verkehrsachse, bildet die Grenze – ursprünglich eine mittelalterliche Handelsstraße – zwischen dem heute hippen Erzsebetváros (siebenter Bezirk) und Józsefváros. Der achte Bezirk wie auch die nördlichen Teile des neunten Bezirks liegen zwar auch noch immer recht zentral in Budapest, und doch haben Preisexplosion, sichtbare Aufwertung und Verdrängung weniger zahlungskräftiger Bevölkerungsgruppen noch nicht wirklich fest in diesen Teilen der City Besitz ergriffen. In Józsefváros lebten und leben beispielsweise noch immer auch viele Roma. Dennoch fressen sich da und dort erste Ausläufer wirtschaftlicher und sozialer Umschichtung auch in Józsefváros und Ferencváros hinein, und es wird vielleicht nur weitere zehn Jahre dauern, bis sich diese Bezirke stark gewandelt haben werden. Im Moment aber sind in Józsefváros und Ferencváros die großen internationalen

Süß: Eine im Grossmutterstil erhaltene Konditorei / Cukrászda

Ladenketten oder Yuppisierungstendenzen noch eher wenig vorhanden, und die Preise in der Mehrheit der Geschäfte, Restaurants und Cafés sind auch für Ungarn erschwinglich. Im Gegensatz zu anderen Stadtvierteln kann man hier noch für rund 1500 Forint – was ca. 4,5 Euro oder etwas weniger als fünf Franken entspricht – einen einfachen (Männer)Haarschnitt machen lassen; aber natürlich ist das Interieur vieler Coiffeursalons nicht vergleichbar mit den modern eingerichteten, aber auch langweilig entindividualisierten Szép (Schönheits-) und/ oder Fodrászat (Coiffeur-)Szalons, von denen die Stadt heute dicht überzogen ist; besonders uniform sind all die Barber Shops im australischen Stil, in denen Männern stromlinienförmige Cuts verpasst werden – und die unsympathischerweise an ihren Eingangstüren zudem verkünden, Frauen sei der Zutritt nicht erlaubt. In Jozsefváros und Ferencváros gibt es dagegen viele Offbeat-Inseln – manche von ihnen aber mittlerweile auch nicht mehr nur geheime Tipps – wie das Zappa Bisztro, das Lumen Café, das Fülemüle-Restaurant oder die langgezogene Ráday utca-Gastro- und Kulturmeile, die neben dem Kálvin tér beginnt und beinahe bis zum Ende des Ferenc körút reicht.

Man kann Josef- und Franzstadt, vom Kálvin tér nach Süden und Osten gehend, erkunden und sich im Café Jedermann des Goethe-Instituts ganz unten an der Ráday utca stärken. Gleich nebenan lockt der Csoki bolt (csoki: Schokolade, bolt: Geschäft). Neben Csoki ist übrigens Cukrászda ein wichtiges Wort für Süßigkeiten-Liebhaberinnen und -liebhaber: Eine Cukrászda

Junge Gäste im Lumen Café

(cukor heißt, wie unschwer zu erraten ist: Zucker …) ist eine Konditorei, und von ihnen gibt es sehr viele in Budapest; wir widmen dem Thema ungarische Süßigkeiten und anderen Sucht auslösenden Essen und auch Getränken in diesem Buch ein eigenes Kapitel. In der Ráday utca, die sich im Sommer in eine große Gartenwirtschaft verwandelt, ein Café reiht sich ans andere – die Straße wird deshalb von manchen auch das «Soho von Budapest» genannt –, gibt es unweit vom Csoki bolt auch die Nándori Cukrászda, die seit 1957 existiert und eine reiche Auswahlpalette anbietet, darunter beispielsweise Ribizlihabos-almás réteges torta (Johannisbeer-Apfelschichtkuchen), Eszterházy-, Dobos torta oder auch Somlói galuska (Schomlauer Nockerl).

Front der Metropolitan Ervin Szabó Bibliothek

Oder man biegt von der Rákoczi út neben dem Uránia Nemzeti Filmház nach Süden ab. So erreicht man unter anderem das Lumen Kávézó (Café) am Mikszáth Kálmán tér; es sticht unter der wachsenden Zahl von Budapester Cafés, die in nur wenig renovierten Hinterhöfen eingerichtet wurden, immer noch heraus: einfach gehalten, mit einem bescheidenen, zusammengewürfelten Mobiliar – wie in so vielen Cafés in Budapest, die keiner kommerziellen Kette angehören –, mit sehr moderaten Preisen und einer sympathischen Bedienung. Hier sitzen mehrheitlich junge Ungarn und Studierende, darunter auch viele derjenigen, die von der Universitätsbibliothek oder der Metropolitan Ervin Szabó Bibliothek für eine Pause hierherkommen – oder bei einem Kaffee an ihrem Laptop weiterarbeiten.

Die Metropolitan Ervin Szabó Bibliothek – der Hauptsitz des gleichnamigen großen Bibliotheknetzwerks – im neobarocken Wenckheim-Palast am östlichen Szabó Ervin tér bietet wie heute viele moderne, sprich: einer breiteren Öffentlichkeit zugewandte Bibliotheken, nicht nur Bücher und Lernstoff, sondern auch fünfzehn prunkvolle Leseräume, eine

Kinderbibliothek, Internetzugang und offene Bereiche für ein breites Publikum, dazu kommen Ausstellungen und ein Veranstaltungsprogramm. In das Gebäude und in die Bibliothek gelangt man entweder über den original erhaltenen Haupteingang am Szabó Ervin tér oder über den Seiteneingang in der Reviczky utca durch ein Atrium. In diesem Atrium, den ehemaligen Ställen des Palastes, ist eine Cafeteria eingerichtet. Vom Foyer führen Marmortreppen hinauf. Die teilweise mit reichen Vergoldungen verzierten Rokoko-Lesesäle findet man im vierten Obergeschoss, und vom ehemaligen Raucherzimmer führt eine Wendeltreppe zur Galerie empor. Ervin Szabó, geboren als Samuel Arwin Schlesinger, war übrigens ein bemerkenswerter Soziologe und Bibliothekar. Mit den Jahren entwickelte er sich vom Sozialdemokraten zu einem Anarchosyndikalisten, übersetzte das Werk von Karl Marx und Friedrich Engels ins Ungarische. 1911 wurde er Direktor der Metropolitan-Bibliothek und verfolgte hier sehr fortgeschrittene Bemühungen, indem er ein größeres Bibliothekennetz zu etablieren versuchte und den Zugang zur Bibliothek gerade auch für sozial Benachteiligte ermöglichte, wobei ihm das englische Bibliothekenmodell als Vorbild diente. Während des Ersten Weltkriegs war er eine der Führungsfiguren der ungarischen Antikriegsbewegung.

Auch die Egyetemi Könyvtár, die Bibliothek der angesehenen Loránd-Eötvös-Universität (ELTE), kurz: Universitätsbibliothek Budapest genannt und am Ferenciek tere im fünften Bezirk (Lipotváros: Leopoldstadt) gelegen, wartet mit einem eindrücklichen Prunksaal auf. Diese Universitätsbibliothek ist die älteste Universitätsbibliothek Ungarns überhaupt. Begründet wurde sie als Jesuitenbibliothek in Oberungarn. Aus der Kollegsbibliothek entwickelte sich im 17. Jahrhundert eine Universitätsbibliothek, die im letzten Viertel des 18. Jahrhunderts nach Buda und schließlich nach Pest übersiedelt wurde. Heute umfasst ihr Bestand rund 1,5 Millionen Medieneinheiten.

Ein Gang durch Jozsefváros und Ferencváros kann auch am Blaha Lujza tér beginnen – einem eher unattraktiven Platz, benannt nach einer bekannten ungarischen Schauspielerin und Sängerin, deren Namen mit der Blütezeit des ungarischen Volkstheaters verknüpft ist. Hier stand das Nemzeti Színház, das ungarische Nationaltheater, in dem die 1926 verstorbene «Nachtigall des Volkes» auftrat. Das Theater musste in den 1960er-Jahren dem Bau der Untergrundbahn weichen und hat nach längerer Odyssee eine neue dauerhafte Bleibe in einem ziemlich hässlichen postmodernen Bau an der südlichen Donau gefunden – heute direkt neben dem interessanten Müpa-Gebäude gelegen, auf das wir in Kapitel sechs noch ausführlich zu sprechen kommen werden.

Jozsefváros und Ferencvarós zeichnen sich auch durch einzelne besonders starke Kontraste aus. So stehen am eher schummrigen und immer noch als Drogenumschlagplatz verrufenen Blaha Lujza tér, an dem die Rákoczi út sechs- bis siebenspurig vorbeiführt, an der einen Seite das Courtyard Budapest City Center Hotel des US-amerikanischen Unternehmens Marriott sowie ein Viersternehotel, das Nemzeti Budapest MGallery der internationalen Hotelluxuskette Sofitel/Accor aus Frankreich; auf der anderen Seite des József körút indes befindet sich eines der ältesten und wohl bekanntesten Warenhäuser Budapests, das Corvin Áruház. Dieses Warenhaus, 1926 von einem Hamburger Großkaufmann eröffnet, entworfen vom jüdischen Architekten Zoltán Reiss (er gestaltete unter anderem auch den Umbau der Goldmark Hall im jüdischen Gemeindezentrum an der Wesselényi utca 7, zum jüdischen Budapest vgl. Kapitel 5), besaß eine klassizistische Fassade. Wie die meisten dieser Kathedralen des Kaufrauschs, die in den Goldenen Zwanzigern entstanden, enthielt auch das Corvin Áruház neben den Verkaufsflächen unter anderem ein Kaffeehaus, ein Restaurant, einen Schnellfotografen, und es war das erste Gebäude der Stadt mit einer Rolltreppe. Im Zweiten Weltkrieg und während des Ungarischen Volksaufstands 1956 wurde das Haus schwer beschädigt, die Fassade 1967 mit Aluminium (!) verkleidet, wobei mit der historischen Fassade nicht zimperlich umgegangen wurde – 2018 wurde das Aluminium wieder entfernt, und man bemühte sich, die ursprüngliche Fassade wieder zu rekonstruieren. Seit 1945 erlebte das Warenhaus immer wieder andere Mieter; in den oberen Verkaufshallen gab es wechselnde Zwischennutzungen: Großwarenhandel, aber auch ein Theater, im Erdgeschoss ist heute ein Spar eingemietet, daneben bieten Takeaway-Shops beispielsweise traditionelles ungarisches Essen wie Lángos (vgl. Kapitel 4) oder türkisches Fast Food an.

Auf der Dachterrasse und später auch auf dem obersten Stockwerk befand sich von 2007 an bis 2018 ein fabelhafter Nachtclub mit Disco und bisweilen Open-Air-Kino, der Corvin-tető. Von der Terrasse aus hatten die Besucher einen Panoramablick zu den hohen Gebäuden von Pest und bis zum Buda-Burgschloss hinüber. Hier hinaufzukommen, war jeweils ein Abenteuer, der Aufgang wirkte halboffiziell, irgendwo gab es einen Lift mit einem Clubmitarbeiter, der bisweilen nach nicht erkennbarem Muster aussetzte, dann musste man zu Fuß die Stockwerke hoch, zwischen den Absperrgittern hindurch. Ein Open-Air-Kino wurde aber 2019 auf dem Dach des Mammut-Shoppingcenters, in Buda neben dem Millenáris-Park gelegen, eröffnet.

Zu Shoppingcentern in Budapest gibt es übrigens einiges zu sagen. Grundsätzlich ist das Verhältnis der Budapester zu Shoppingcentern anders als beispielsweise das der Schweizer; während in der Schweiz Shoppingcenter wie zum Beispiel das Schönbühl, das Shoppi Tivoli oder das Glattzentrum unter vielen Bewohnern, vor allem in intellektuellen und auch umweltbewussten Kreisen, lange als No-Go-Area galten, wurden bereits die ersten Shoppingcenter nach der Wende in Budapest von der Bevölkerung begrüßt, war die freie Wahl vieler Konsumgüter ja beinahe ein halbes Jahrhundert aus unterschiedlichen Gründen nicht möglich gewesen. Dieses weniger

Internationales Flair: Fastfood beim Blaha Luiza Platz (im ehemaligen Corvin-Warenhaus)

verkrampfte Verhältnis zu Shoppingcentern fand beispielsweise Ausdruck in der Durchführung des ungarischen Filmfestivals im Mammut-Center. Man schätzte die praktische Nähe der Kinosäle und mehrerer Restaurants in einem Gebäude – und dies bedeutete nicht, wie etwa immer noch mehrheitlich in der Schweiz, dass hier in erster Linie Blockbuster-Filme gezeigt wurden und werden, sondern Art- und Studiofilme.

Man verwechsle das Corvin Áruház nicht mit dem neuen Corvin-Einkaufszentrum. Auch dieses befindet sich in Józsefváros – aber nicht an dessen nördlicher Grenze, sondern am südlichen Rand, hin zu Ferencváros – und bietet nicht minder Anlass zu Eindrücken größtmöglicher Kontraste in Budapest. Geht man von der Metrostation Corvin-negyed am József körút einige Schritte nordwärts und biegt nach rechts (ostwärts), sieht man das gelbe Corvin Mozi (Kino) auf sich zukommen; der Rundbau liegt wie eine Perle in einer Auster: Umschlossen wird er von Häusern, die an den Regency-Stil Englands erinnern. 1922 im Art Nouveau-Bauhaus-Stil erbaut, wurde das Corvin-Kino 1957 zu einem Breitleinwandkino umgerüstet und 1996 in ein Multiplex umgebaut.

«Pester Junge» vor dem Corvin-Kino

Kinogebäude und Corvin köz gehörten 1956 zu den zentralen strategischen Punkten des ungarischen Widerstands, und zwar aufgrund ihrer geografischen und verkehrstechnischen Lage in der Nähe der Kreuzung der großen Nord-Süd/Ost-West-Achsen Ferenc körút und Üllői út. Die enge Corvin-Passage konnte gut verteidigt werden, weil sie für sowjetische Panzer und Lastwagen nur schwer zugänglich war; sie konnten sich darin kaum bewegen. Gedenktafeln und Denkmäler erinnern an die Kämpfe, darunter rechts vor dem Eingang des Corvin-Kinos

die Skulptur «Pester Junge» («Pesti Srác») des ungarischen Künstlers Lajos Győrfi von 1996: ein Denkmal, um die Kinder der Revolution zu ehren, von denen damals Pressefotografien um die Welt gingen. Viele Kinder und Jugendliche, Schüler, Lehrlinge, Mitglieder der Junior-Kadettenschulen, kämpften an Seite der Erwachsenen mit Gewehren, Molotowcocktails und Maschinenpistolen gegen die sowjetischen Soldaten.

An der südöstlichen Ecke der großen Üllői út-/Ferenc körút-Kreuzung stand die Kilián-Kaserne, die vom ungarischen

Militär unter dem Kommando des Oberst Pál Maléter gegen die Sowjettruppen gehalten wurde. Das große Kasernengebäude steht übrigens noch; dort drin befindet sich – ein weiterer harter Kontrast –, in einem der Höfe, an der Üllői út 51, unter anderem der Street Food Garden des Vegan-Bloggers Kristof Steiner mit ungarisch-nahöstlicher Fusionsküche. Eine kurze Zwischenbemerkung hierzu: Es ist ein sehr weiter Weg von der fleischlastigen Küche Ungarns bis zum Veganismus – und doch gibt es in Budapest mittlerweile viele vegane Restaurants, sie schießen geradezu wie Pilze aus dem Boden – wie lange sie bleiben werden, ist eine andere Frage. (Drei einschlägige Adressen finden sich am Ende dieses Kapitels, auch wenn wir beide weiterhin Karnivoren sind; im Laufe dieses Buches wird sich auch zeigen, was einem ohne Fleisch und Ähnlichem mehr in Budapest entgeht.) Einige Straßen weiter nördlich von Corvin Kino und köz befand sich zudem an der Sándor Bródy utca das Magyar Rádió-Haus, von wo die Revolution am 23. Oktober 1956 ihren Anfang nahm.

Die Kämpfe endeten mit 200 000 Flüchtlingen und vielen Toten – rund 2700 Ungarn gegenüber 720 sowjetischen Soldaten – sowie einer großflächigen Zerstörung der Stadt. Viele Straßen und Häuser wurden innerhalb weniger Tage und Wochen verwüstet, die Sowjets schlugen den Aufstand brutal nieder; in den Straßen Budapests lagen Leichen, neben ihnen Trümmer, Glas, Ziegelsteine, Geschosshülsen – und das nur zwölf Jahre nach Ende des Zweiten Weltkriegs. An der Kreuzung der Nap utca mit der Vajdahunya utca, zwei Straßenzüge nördlich von der Corvin-Passage entfernt, zeugen einige Häuser in sehr pitoyablem Zustand mit zahlreichen Einschusslöchern bis heute von der Heftigkeit der 1956-Straßenkämpfe.

Doch diese Straßenzüge könnten wie das Gebiet unmittelbar beim Corvin köz bald durch Neubauten ersetzt werden. Heute bereits schließt hinter dem Corvin-Kino ein Einkaufscenter an, und geht man durch dieses hindurch, tritt man auf die Corvin sétány, eine Fußgängerpromenade, rechts und links gesäumt von einer jungen Neubausiedlung, oben schicke moderne Wohnungen mit breiten Fenstern und teilweise großen Balkonen, unten Cafés und Läden – unter denen sich nun auch die omnipräsenten Costa-, die Rossmann- oder Lidl-Ketten eingemietet haben.

Am Ende dieser neuen Bebauung klaffen große Baugruben, die sich ebenfalls in Neubauten verwandeln werden, und noch einmal etwas weiter, unter anderem in der Tömő utca, trifft man auf einige Gebäude der Semmelweis-Universität, und an der Apáthy István utca auf den Grundkert, einen der heute schon mehr als zwanzig Gemeinschaftsgärten in der Stadt. Nicht nur

Gedenkzug zur Erinnerung an den Aufstand von 1956

veganes Essen, auch der Trend des Urban Gardening sind in Budapest bereits im großen Stil angekommen. Wer jetzt eine Pause braucht, kann sich im Botanischen Garten der ELTE-Universität ausruhen – der Eingang (Illés utca 25) ist auf Latein und Ungarisch angeschrieben: Hortus Botanicus Universitatis beziehungsweise Füvéskert der Eötvös Loránd Tudományegyetem. Im Grünen hinsetzen kann man sich im Orczy-Park, in dem das Ungarische Naturwissenschaftliche Museum und die Nationale Universität für Öffentlichen Dienst (Nemzeti Kozszolgálati egyetem Ludovika) stehen, hinter denen man einen See, ein Café, Brunnen, Sport- und Spielplätze findet.

Lumen
Horánszky utca 5
(ältere Filiale am Mikszáth tér, neben Zappa Bisztro)
www.facebook.com/lumen.kavezo

Zappa Bisztro
Mikszáth Kálmán tér 2
www.facebook.com/zappa.bistro.caffe

Fülemüle étterem
Kőfaragó utca 5
www.facebook.com/fulemule

Nándori cukrászda
Ráday utca 53
www.nandori.hu

Jedermann Café
Goethe-Institut Ungarn
Ráday utca 58
www.goethe.de/budapest

Csoki bolt
Ráday utca 56

Metropolitan Ervin Szabó-Bibliothek
Szabó Ervin tér 1
www.fszek.hu/english

Universitätsbibliothek
Ferenciek tere 6
www.konyvtar.elte.hu

Grundkert
Apáthy István utca 16
https://grundkert.blog.hu/

Vegane Küche:
Street Food Garden und Vegan Food Truck des Vegan-Bloggers Kristof Steiner
Kristóf Konyhája
Üllői út 51
Vgl. www.proudhippieboy.com
Oder auch www.facebook.com/steinerkristofoldala

Las Vegan's / Street Food Karavan
Kazinczy utca 18
(Promenade neben dem Einkaufszentrum Allee) in Buda

Istvánffi Veggie Burger
Király Pál utca 20
www.veganlove.hu

Botanischer Garten der ELTE
Illés utca 25 (nahe der Ecke zur Korányi Sándor utca)
www.fuveszkert.org/

Orczy-Park
Orczy út 1
www.facebook.com/Orczypark
www.orczypark.hu

Martin Fejér

Restaurantempfehlungen 2

Martin Fejér, geboren in Strömstad/Schweden, heute 55-jährig, ist Fotojournalist. Er lebt und arbeitet seit 1997 in Budapest. Er empfiehlt:

Auróra – und Gólya
«Aurora»: die Morgenröte. War das nicht jener revolutionäre Panzerkreuzer in Petersburg? Genau. Und wie ein Panzerkreuzer der Revolution steht das geduckte, etwas schäbige Haus in der Auróra utca des Budapester achten Bezirks. Zumindest in den Augen des bis Oktober 2019 regierenden Fidesz-Bezirksrats war es so. Der Bürgermeister, ein Getreuer des Ministerpräsidenten Orbán, setzte alles ein, um das Auróra zu versenken: Das Ordnungsamt und die Polizei, Schankverbote und Razzien, selbst Nazi-Trupps hielt man bei ihren Attacken

nicht auf. Vergebens, das linke Kulturzentrum überlebte. Auch heute kann man drin oder auf dem Hof sein Bier trinken, auf alten Stühlen sitzen oder in zweifelhaften Sofas versinken, nachts im Musikkeller abtanzen oder tagsüber in den Veranstaltungsräumen an einer besseren Welt arbeiten.

Fast wie im «Gólya», dem Storch, am anderen Ende des Bezirks in der Orczy út. Der Name stammt noch vom alten Standort in der Bókay János utca. Umringt von modernen Büropalästen und zum Abriss verurteilt, steht dort noch das uralte Kneipenhäuschen, über der Tür das farbige Relief des pichelnden Storches. Heute hat man sich stolz in einem der hundert Gebäude der nach 1989 zusammengebrochenen GANZ-MÁVAG Lokomotivfabriken breitgemacht. Soeben ist noch eine aus Europaletten gezimmerte Dachterrasse hinzugekommen. Auch das Gólya ist ein linksalternatives Kulturzentrum, aber unterhaltungsorientierter als das Auróra, mit Kneipe, Tanz und viel Livemusik. Auch hierher kommt keiner wegen der Speisekarte, meist bleibt es bei überbackenen Butterbroten. Demnächst soll aber auch eine Küche eröffnen.

Der achte Bezirk war einst das Ghetto der Stadt – Armut, Roma, Prostitution. Auch heute jagt er noch vielen Ungarn Angstschauer über den Rücken. Doch als Vorboten der Gentrifizierung hat sich ein ganzer Zoo alternativer Kneipen und Cafés entwickelt: In der Bérkocsis utca das «Macska», die Katze, in der Vásár utca das «Csiga», die Schnecke, oder in Memoriam in der Déri Miksa utca das «Kék Ló», das Blaue Pferd. Das hat sich leider ausgewiehert, hier siegte der abgewählte Bürgermeister, der Mietvertrag wurde nicht verlängert.

Auróra, Auróra utca 11,
www.facebook.com/auroraunofficial
Gólya, Orczy út 46–48,
www.facebook.com/roncskocsma

Zsolt Kulcsár, heute 58, ist Jurist und lebt seit 1992 in Budapest. Er empfiehlt drei Orte:

Zsolt Kulcsár und seine Partnerin Eszter Erdélyi

Kiadó Kocsma
Sympathische, kleine Bar mit Küche. Eher künstlerische Crowd, aber auch viele Journis (vor allem tagsüber bevorzugter Arbeitsort der oppositionellen Online-Presse) und Fahrradkuriere. Sehr zentral gelegene, unkomplizierte «Beiz» mit Charme. Man kennt sich.
Jókai tér 3, Budapest VI. («Broadway»),
www.facebook.com/kiadokocsma

Olimpia Vendéglő
Kleines Restaurant ohne Karte. Man kann von 4- bis 7-Gang-Menü bestellen (33–44 Euro), eingekauft wird, was der Markt am betreffenden Tag so hergibt. Nicht gerade günstig, aber gut und ein volles Abendprogramm. Achtung: keine Kreditkarten!
Olimpia Gasthaus, Alpár utca 5, Budapest VII. («Chicago»),
www.olimpiavendeglo.com

Evezős Sörkert
Der ideale Stopover bei einer Velotour an den «Római» (der Budapester «Strand» am Donauufer). Im Stil einer «Besenbeiz» mit Selbstbedienungsbuffet, mit währschaften Schmankerln und kühlem Fröcs («Gsprützte»). Ein Überbleibsel aus anderen Zeiten.
Római part 34 (nördlich von Margit- und Óbudai-Insel gelegen), www.evezosorkert.hu

Im Kiadó Kocsma

Zeitreisen – alter Prunk und Ausverkauf

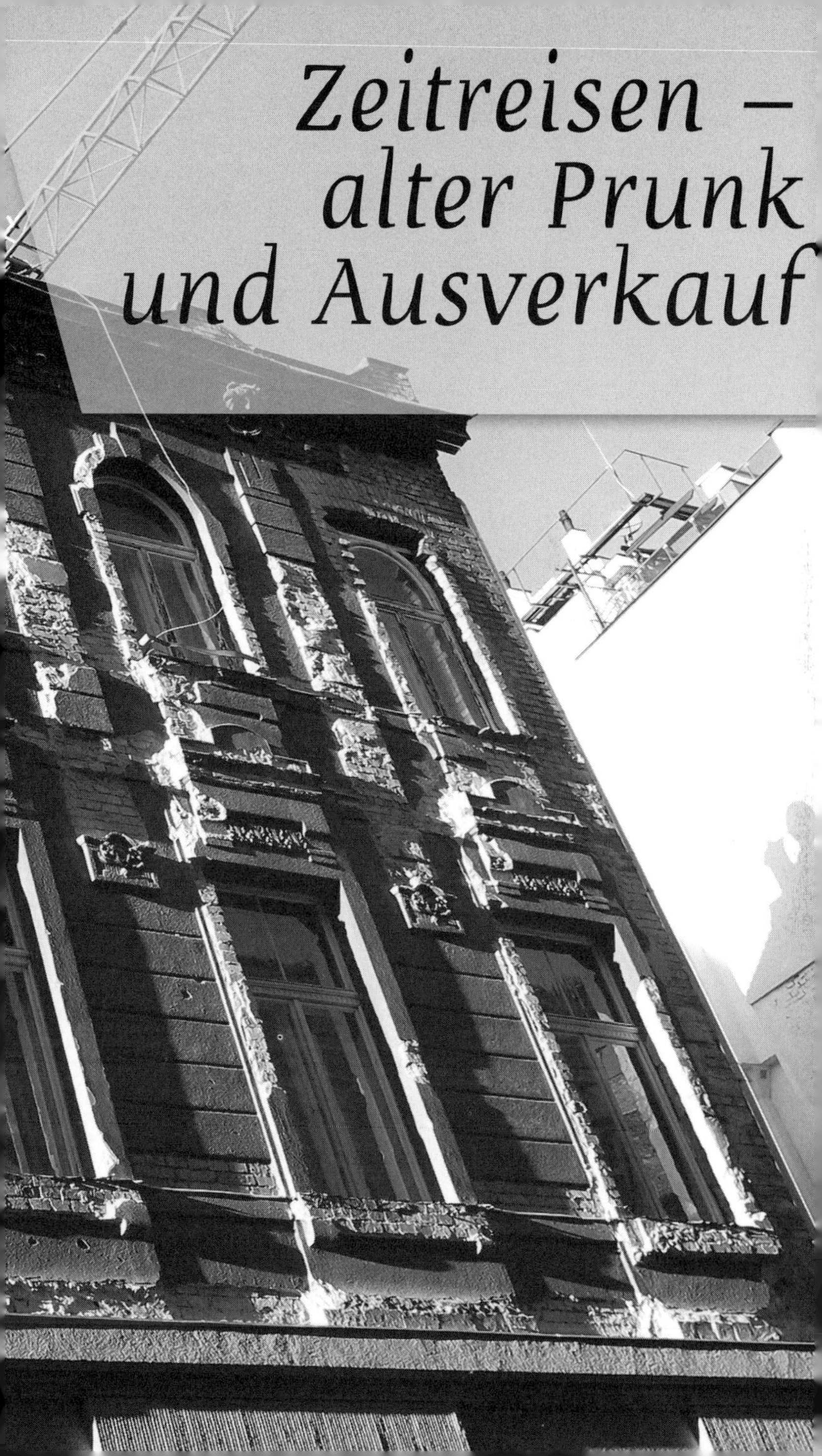

In Budapest zählen, und dies ist wörtlich zu nehmen, die inneren Werte bisweilen besonders. Wie schon bei den kaputten Fassaden, die aber Schätze bergen, so überrascht Budapest auch immer wieder mit einem äußerst kreativen Leben, das aus einfachsten Verhältnissen Beeindruckendes hervorzaubert. Eine Spezialität der Stadt sind die vielen Innenhöfe, die in Cafés, Restaurants, Clubs, Galerien oder auch Hotels umgewandelt worden sind. Den Trend lösten vor nun bald zwanzig Jahren vier Geisteswissenschaftler aus, als sie 2001 an der Kertész utca und kurz darauf an der Kazinczy utca in einer stillgelegten Ofenfabrik eine sogenannte «romkocsma», auf Deutsch: «Ruinenbar» eröffneten; das heute berühmte Szimpla Kert war geboren.

Das Ganze entstand aus einem – wie so oft – bescheidenen Wunsch, einer spontanen, simplen Idee (wie zuerst auch schon in West-Berlin): Eine Kneipe, aus der man nach Hause gehen konnte, wann man wollte. Eigentlich ähnlich wie die «illegalen Bars», wie sie in Zürich in den 1980er-Jahren entstanden, wo sich Junge einen alternativen, nicht-kommerziellen Raum

Eingang zum Szimpla Kert …

… und im Inneren

‹ohne Polizeistunde› erschufen (wir haben darüber und über andere kulturelle Errungenschaften der 1980er-Jahre in unserem Buch *Zürich abseits der Pfade* geschrieben, vgl. Literaturverzeichnis im Anhang). «Szimpla» heißt denn auch «einfach» und «kert» «Garten». Das Szimpla Kert mit seinem wild zusammengewürfelten Mobiliar war ein alternativer Kulturtreffpunkt, für den kaum Miete bezahlt werden musste. Bald gab es immer mehr Ruinenkneipen in Hinterhöfen oder auf Brachen, auf denen jahrzehntelang, bisweilen seit den Zerstörungen von 1945 und 1956, nichts mehr geschehen war. Die Voraussetzung des Modells war also der Zerfall der Stadt und der Mangel an Geld und Ideen der Verwaltung, wie insbesondere der marode Zustand vieler Häuser und Brachen im siebten Bezirk Budapests – in Erzsébetváros – rehabilitiert werden könnte. Heute gibt es unzählige solcher «romkocsmak» (Plural von «romkocsma») und gar eine eigene Website www.romkocsmak.hu (eingerichtet von Attila Höfle). Beliebt sind beispielsweise das Fogasház, wo auch Konzerte und andere Veranstaltungen stattfinden, der Pótkulcs-Club, der Dürer Kert mit unter anderem Pingpong-Tisch oder Dart-Spielmöglichkeiten im ehemaligen Gebäude der Philosophischen Fakultät der ELTE, der Filter-Club – eine Kellerbar mit Dschungelvegetation, Graffitis und öfter auch Bühnenmusik (unter anderem Rock, Ambient oder auch Reggae oder Dub), das Púder an der Ráday utca, Street Food Karavan mit vielen verschiedenen Imbiss-Ständen, Kneipe und Biergarten Kuplung oder die Ruinenkneipe Kőleves (auf Deutsch: Steinsuppe).

Blick in eine der anderen Ruinenkneipen

Viele dieser zuerst einmal sehr improvisierten romkocsmak sind in den letzten zehn Jahren zu etablierten Orten geworden, die im Sommer stets von viel Publikum und auch immer mehr von jungen Touristen bevölkert sind. Die Ruinenkneipen sind dennoch einen Besuch wert, weil diese Kulturmode einen wesentlichen Bestandteil der früheren Off-Kultur, die heute voll in und hip ist, darstellt – und damit zu den Phänomenen gehört, die die besondere Atmosphäre Budapests in der warmen Jahreszeit prägen. Als Ruinenkneipen zu einem erfolgreichen Geschäftsmodell wurden, verloren die meisten ihren Undergroundcharakter, doch gemütlich und sympathisch unaufgeregt sind viele dennoch immer noch. Anders sieht es beim Gozsdu Udvar aus – der großen Touristenattraktion Budapests, die man entweder von der Király, der Dob oder der Holló Straße betreten kann: Hier herrscht viel Rambazamba, aber aus unserer Sicht weisen die Bars und Kneipen, die sich um jeden Quadratmeter streiten und hässliche Glas- und Plastikverschläge in die Höfe gebaut haben, um auch bei ungünstigem Wetter möglichst viele Gäste beherbergen zu können, nichts Besonderes auf; sie sind Dutzendware und in der Mehrheit einfach Abzockerbuden.

Deshalb sagen wir: durchgehen und schauen, ja, denn die meisterhafte Architektur der sechs dicht aneinandergebauten, eine Strecke von 200 Metern bedeckenden Höfe ist absolut

Im Gozsdu Udvar

sehenswert und einzigartig. Erbaut 1901 von Győző Csigler, 2007/8 rundum saniert, heute UNESCO-Welterbe, war der Gozsdu-Hof im Zweiten Weltkrieg in den Jahren 1944/45 ein Schauplatz schrecklicher Szenen, als hier Tausende von Juden gefangen gehalten wurden; der Gozsdu Udvar war Teil des Ghettos in Erzsébetváros.

Wer sehen möchte, wie die Höfe einst aussahen, als sie nach dem Zweiten Weltkrieg in einen Dornröschenschlaf verfielen, dem sei der Spielfilm *Glamour* des ungarischen Regisseurs Frigyes Gödrös von 2000 empfohlen; die Dreigenerationengeschichte einer jüdischen Familie, von der in dem dichten Film voller Humor und Tragik erzählt wird, wohnt und arbeitet im (realen) Gozsdu Udvar. Der Film ist auch deshalb sehr sehenswert, weil er zugleich die Geschichte Ungarns im 20. Jahrhundert von der einen Herrschaft zur nächsten veranschaulicht. Gozsdu Udvar: ein wichtiger historischer Schauplatz und auch ein Filmschauplatz – heute aber geplagt von zu viel Ausverkauf und Lärm. Durchgehen lohnt sich unbedingt. Und dann kann man in eine der nächsten Straßen einbiegen und ein Bier oder etwas zu essen in einer viel freundlicheren und entspannteren Atmosphäre mit interessanterer Menüwahl genießen!

Das Szimpla Kert und der Gozsdu Udvar leiden unserer Meinung nach mittlerweile zunehmend unter ihrem Erfolg – aber noch immer sind es sehenswerte Orte. Wirtschaftliche Überlegungen überdecken heute aber mehr und mehr kulturellen Pioniergeist. Im Szimpla Kert rechts vom Eingang ist ein nicht billiger Designshop eingerichtet worden, der auch Szimpla Kert-Kult-Gadgets anbietet, beinahe in jedem Raum gibt es eine Bar, und abends bildet sich meist eine lange Schlange Schaulustiger vor dem Eingang. Wie so oft droht avantgardistische Frechheit Opfer des Kommerz zu werden. Schlimmer ist es im Gozsdu Udvar: Da reihen sich billige Tapas-, Wein- und Cocktailbars aneinander, und in der Mitte hat sich die Jamie Oliver's Pizzeria Budapest eingemietet.

Derweil besteht das Problem mit den Ruinen weiterhin – die Ruinenkneipen sind sozusagen die letzten Zuckungen. Die Wirtschaftskrise von 2008 und die damit verbundene Krise, die den Immobilienmarkt für einige Zeit zum Erliegen brachte, bedeutete einen Aufschub – doch der Druck wächst mit der erwähnten Bodenpreissteigerung zurzeit enorm. Eines Tages müssen die baufälligen Häuser wegen Einsturzgefahr geschlossen werden. Und dann stellt sich die Frage, ob die Stadt handelt oder ob sie – es gab in dem Zusammenhang auch bereits Verurteilungen in Korruptionsprozessverfahren – große Teile der Innenstadt finanzkräftigen Immobilienspekulanten überlassen wird, die schon bereitstehen. In den letzten Jahren haben solche Investoren bereits einige denkmalgeschützte Gebäude in Erzsébetváros, dem alten Judenviertel, abgerissen, manche gegen zivilen Protest; nur an einigen Orten war der Widerstand erfolgreich. Die Verwandlung von Off zu trendigem In birgt immerhin eine Chance; es besteht so zumindest eine leise Hoffnung, dass die Stadtverwaltung in Zugzwang gerät, weil manche Ruinenkneipen mittlerweile so sehr zu Budapest gehören, dass sie es sich nicht leisten kann, sie verschwinden zu lassen – und vielleicht gar die Möglichkeit einer Renovierung in Erwägung zieht. Aber so oder so: Die Ruinenkneipen werden in einigen Jahren nicht mehr dieselben sein, sie sind Provisorien, faszinierende Momentaufnahmen in einem weiterlaufenden Prozess des Verfalls und radikalen Umbaus.

Ein sehenswerter Innenhof, der eine Umnutzung erfahren hat, ist auch das Paloma Fashion & Art, in rund 150 Metern vom Keleti pályaudvar (Ostbahnhof) beziehungsweise der U-Bahnstation Astoria erreichbar und in unmittelbarer Nachbarschaft zum Puskin-Kino, das zu einer kleinen Artfilmkinokette gehört. In dem noch recht gut erhaltenen historischen Paloma-Hof, der mehrere Galerien mit Säulen und Stuck in sich birgt, haben sich junge ungarische Modedesignerinnen eingerichtet und bieten in Showrooms individuell handgefertigte, hochwertige Produkte wie Taschen, Gürtel, Kleider, Schuhe, Schmuck und vieles andere mehr an. Es lohnt sich, vorher die Öffnungszeiten zu prüfen, denn viele der Läden sind öfter geschlossen.

Ein Besuch des Paloma sollte man stets mit der Auguszt Cukrászda nebenan verbinden. Diese Konditorei wird seit nunmehr 150 Jahren von der Familie Auguszt betrieben, in fünfter Generation – immer wieder eröffnet, nach der Bombardierung

PALOMA
PALOMA
FASHION & ART
OPEN
CIKK

gegen Ende des Zweiten Weltkriegs, russischer Gefangenschaft von Familienmitgliedern und schwierigen Zeiten in kommunistischer Herrschaft. Die Auguszts bieten eine große Auswahl an Kuchen, Torten, süßen Schnitten, Nuss- und Mohnbeigeln und anderen traditionellen ungarischen Desserts und Auguszt-Spezialitäten (wie zum Beispiel eine besonderes feine Cremeschnitte oder Zitronenmousse mit Lavendelblüten und Pfirsichsplittern) oder auch Französisches wie Croissants oder Crème brûlée an.

Wer einen Kaffee in einem edlen Kulturpalast der feinsten Sorte vorzieht, überquere die Astoria-Kreuzung nordostwärts; weiter oben an der Rákoczi út steht das legendäre Uránia Nemzeti Filmház, das Urania Kino. Wenn wichtige ungarische Filme Premiere feiern, wird das meist hier begangen; das ungarische Filmschaffen, das bereits im frühen 20. Jahrhundert bedeutend war und in den 1960er-Jahren eine Neue Welle mit unter anderem Miklós Jancsó und István Szabó hervorbrachte, erlebt immer wieder neue Höhepunkte (zuletzt u. a. mit dem unter die Haut gehenden, formal aussergewöhnlichen und oscarprämierten Film *Son of Saul/Saul fia* von László Nemes). Aber das nationale Urania-Filmtheater ist nicht nur ein Kino, sondern vor allem auch ein zauberhaftes Café. Im ersten Obergeschoss, das man über eine Treppe erreicht, kommt man auf die kreisrunde Galerie, wo einen eine elegante Bar und Tische rund um ein vergoldetes Geländer erwarten. Hier laufen übrigens immer wieder auch Filme mit englischsprachigem Originalton oder auch mit Untertiteln – denn der große, 2002 renovierte Kinosaal, wie die weiß-graue Fassade in venezianisch-gotischem und östlich-maurischem Stil gehalten, ist mehr als einen Augenschein wert.

Mit prunkvollen Innenräumen kann Budapest vielerorts aufwarten, die Stadt besitzt sie im Überfluss. Südwestlich vom Uránia, an der derselben Straßenachse wie der Paloma-Hof und die Auguszt-Konditorei, befindet sich, wenige Straßen von der Donau entfernt, der erst vor Kurzem fertig (exorbitant aufwändig!) restaurierte Párisi Udvar, der «Pariserhof». Vorne an der Ecke zur

Blick in die Kuppel des prunkvollen Saals im Uránia-Kino

Kossuth Lajos utca steht das vom jüdischen Architekten Mihály Pollack entworfene Brudernhaus, dahinter findet man den Eingang zum von Henrik Schmahl gestalteten Párisi Udvar mit einer Glasdecke, so benannt, weil nach dem Vorbild der Einkaufspassage des Panoramas in Paris gestaltet – aber die Budapester Variante ist um einiges glanzvoller mit dieser prächtigen, gewölbten Buntglasdecke. Schmahl vereinte in der Fassade des Gebäudes und in seinem Innern verschiedene Stile; neben venezianischer Gotik, Renaissance und Jugendstil entdeckt man auch orientalische Elemente, groteske Figuren und Reliefstatuen, Villeroy & Boch-Fliesen und viele andere Details mehr. Im Párisi Udvar residiert seit der Wiedereröffnung das gleichnamige Fünfsterneluxushotel der Hyatt-Kette, aber man kann sich auch in die schöne öffentliche Brasserie im hohen Foyer einweisen lassen und hier Snacks wie Croque Madame oder Kaffee und Kuchen oder ungarische Süßigkeiten wie Somlói galuska, Rákoczi túrós

(Quarkschnitte) oder Lúdláb («Gänsefußtorte» mit Schokolade und eingelegten Kirschen) genießen.

Ein anderes prunkvolles Gebäude, das öffentlich zugänglich ist, findet man am Pester Ende der Kettenbrücke. Der Bau von 1904/1907, in der Besatzungszeit nach dem Zweiten Weltkrieg von der Roten Armee als Kaserne benutzt, durchlief verschiedene Phasen, bevor es 2001 von einer australischen, bald darauf von einer irischen Investorenfirma (wieder) gekauft und kostspielig renoviert wurde, um 2004 als Gresham Palace wieder eröffnet zu werden – mit den Auflagen der Denkmalschutzbehörde, dass das Gebäude im originalen Art Nouveau-Stil renoviert würde und für die Öffentlichkeit zugänglich bleiben muss. Deshalb kann und darf heutzutage jeder und jede ins Foyer eintreten und sich hier aufhalten, ohne Hotelgast zu sein.

Über viele Jahrzehnte eine Art Wohnzimmer für Literaten war das bekannte Centrál Kávéház (ja: Kaffeehaus!) unweit von Paloma-Hof oder Universitätsbibliothek – und 2000 öffnete es, auch es sorgfältig renoviert, wieder seine Türen. In diesem Café hatten mehrere Schriftsteller und Journalisten ihre Stammplätze – ihre Namen sind, in Bronze geprägt, als

Wertvolle Ausstattung im Párisi Udvar

Namensschildchen vorhanden, so kann man sie heute noch entdecken. Wir laden zum Besuch des Centrál ein, obwohl es nicht abseits der Pfade liegt, sondern – wie der Name andeutet: zentral – mitten in der neu angelegten verkehrsberuhigten Beinahe-Fußgängerzone in Belváros (Innenstadt); es figuriert mittlerweile in beinahe jedem Reiseführer. Aber noch immer sitzen im wunderschönen Café Centrál auch Ungarn. Wo das Café New York eklektizistisch überladen und für unseren Geschmack allzu kitschig daherkommt, stimmt hier alles: Im L-förmigen Raum mit einer Galerie, der sich der Gebäudeecke entlang schmiegt, steht eine vornehme Bar, alles in dem Jugendstil-Ambiente ist stilgerecht eingerichtet, in der erleuchteten Vitrine warten stets süße Köstlichkeiten. Hier ist man zu jeder Tageszeit richtig; sei es, dass man etwas Warmes essen, eine Kaffeepause machen oder ausgiebig frühstücken will. Und übrigens: Die ungarische Kult-Band Omega, in deren Anfängen unter anderem Gábor Presser als Komponist mitgewirkt hat, soll zeitweise im Keller des Café Centrál geübt haben. Die 1962 aus zwei Schülerbands hervorgegangene Rock-Beat-New Wave-Gruppe mit dem letzten Buchstaben des griechischen Alphabets als Name war eine Ausnahmeerscheinung insofern, als sie nicht nur die erfolgreichste Band Ungarns war, sondern in den 1970er-Jahren auch zu einer der beliebtesten Ost-Bands im Westen wurde. Ein berühmtes Omega-Stück ist die Ballade *Gyönghajú lány/The Girl with pearly hair* von 1968; mit dem entsprechenden Album gelang der Gruppe der internationale Durchbruch, und sie tourte damals auch das erste Mal quer durch Westeuropa.

Eine Zeitreise in die Blütezeit der Jugendstil-Ära, in die 1930er-Jahre oder aber in die 1960er-Jahre im «Ostblock» kann man in Budapest ebenfalls innerhalb weniger Kilometer antreten – in dieser Hinsicht ist diese Stadt nicht zu übertreffen. Jugendstil in ornamentaler Ausführung findet man im Saal der Franz-Liszt-Musikakademie am Liszt Ferenc tér nahe

Gediegenes Verweilen im Café Central

Oktogon, Andrássy út und Király utca. An der Hochschule studierten und lehrten unter anderem Béla Bartók, Zoltán Kodály, György Kurtág, Emmerich Kálmán, Sándor Veress, Georg Solti, Géza Anda, György Ligeti, Peter Eötvös und András Schiff. Und sie ist bis heute eine auch international sehr angesehene Musikausbildungsinstitution. In dem Saal finden viele Konzerte und Wettbewerbe sowie hochkarätige musikalische Abschlussabende statt. Da man kein Ungarisch verstehen muss, um Musik zu hören – im Gegensatz zu Theater oder Lesungen –, eignet sich ein Konzert ideal, um in die Stimmung eines Budapester Kulturabends einzutauchen. Wir haben bis jetzt jedes Mal, auch kurzfristig, noch Karten ergattern können – Tickets kauft man, so unsere Erfahrung, am einfachsten tagsüber im Foyer des Akademie-Gebäudes. Das Publikum hier ist tendenziell jünger als in vergleichbaren Konzertsälen in Europa, die Aufmerksamkeit und Ernsthaftigkeit groß, die Atmosphäre weniger konservativ-bürgerlich als im Vigadó-Konzert- und Ballsaal an der Donau (mit schlechterer

Im Saal der Franz-Liszt-Musikakademie

Akustik). Der in üppigem Jugendstil-Gold gehaltene Musikakademie-Saal mit dem ausladenden Fächer freistehender Orgelpfeifen an der Bühnenwand, der 1907 entstand und über zwei Jahre lang bis 2013 mit dem ganzen Gebäude renoviert wurde, ist derart prachtvoll, dass man während eines Konzerts nicht weiß, worauf man denn nun seine Aufmerksamkeit richten soll.

In die 1930er-Jahre lädt das Dunapark Café und Restaurant (in einem im Geiste von Bauhaus erbauten Gebäude von 1938) nahe der Carl Lutz-Uferpromenade (Carl Lutz rakpart, rakpart wird meist abgekürzt: rkp.) und Margareteninsel in Újlipotváros. Ein großzügiges, nobles Art Deco-Interieur mit Galerie und hausgefertigten Leckereien – doppelte Kunstwerke aufgrund von Aussehen und Geschmack – in der gut bestückten Vitrine machen einen Nachmittagskaffeehalt hier zu einem speziellen Genuss. Im Sommer wird selbsthergestelltes Eis auf die Straße verkauft. Aber man kann hier auch frühstücken oder zu Abend essen, zwischen Anwälten und Kunsthändlern, Politikern vom nicht allzu weit gelegenen Parlament – manchmal werden Bereiche für wichtige Botschaftertreffen abgesperrt – oder ganz einfach Bewohnern vornehmlich des Bezirks.

Das Duna Park ist unserer Meinung nach, verglichen mit dem berühmten Gundel Restaurant neben dem Zoo beim Stadtpark, die stilvollere Variante; im Vergleich mit dem Gundel, das an seinen Ruhm aus der ersten Jahrhunderthälfte anzuknüpfen versucht, aber mit seinem schweren 1900-Chic etwas behäbig wirkt, kommt das weniger touristische Dunapark klassisch-edel, unaufgeregt kühl und von beinahe zeitloser Eleganz daher. Aber – ja, im Gundel gibt es die unschlagbare Gundel-Palacsinta mit der einzigartigen duftenden, warmen Nussmischung-Füllung, das ist wahr, dazu spielt eine Romamusik-Band. Übrigens nennen sich die Roma in Ungarn selbst «cigány»/Zigeuner und sehen darin keine Abwertung. Rund 30 000 von ihnen, die meisten Mitglieder langer Musikerdynastien, spielten in vom Staat bezahlten Musikgruppen, meist in Restaurants, doch mit der Wende wurden sie arbeits- und erwerbslos und ihre Familien verarmten.

Staatsempfänge in Budapest werden immer noch meist traditionell im Gundel abgehalten, denn es gilt zumindest offiziell als das nobelste Restaurant Budapests; es kann auch vorkommen, dass einige Ungarn an einer großen Tischrunde mit Chinesen sitzen und sich im Laufe eines Abends immer wieder zuprosten, weil sie gerade einen wichtigen Vertrag abschließen konnten.

Währenddessen ist im Bambi Presszó in Buda die Zeit seit den 1960er-Jahren buchstäblich stehen geblieben – und das wird hier, wenn auch auf eine zurückhaltende Weise, zelebriert. Ein rotes Kunstledersofa zieht sich die Wand entlang, die Stühle sind mit demselben Kunststoff überzogen; auf den Tischen liegen auf abgeschossenen Kunststoffoberflächen fabrikgefertigte Klöppeldecken, an den Fenstern hängen weiße Rüschenvorhänge, an den Wänden alte Plakate mit Aufrufen zum 1. Mai – «Es lebe der 1. Mai!» – und historische Dreher-Bier-Reklamen. Das Melegszendvics (heißes Sandwich) dominiert die Menükarte kleiner Mahlzeiten: eine getoastete

Brotscheibe mit Käse, Schinken, Leberwurstcreme, Tomatenscheiben, Gurken oder anderen Belägen und Aufstrichen. Dafür stehen auf einem Servicetisch direkt neben dem Eingang Dutzende Ketchup-Plastikflaschen bereit, und Tee wird mit einer Plastikdöschenportion Honig serviert. Kleine Extras findet man auf der Karte mit den Preisen separat aufgeführt:

Stammkunden im Bambi Presszó

zusätzliche Sahne/Rahm kostet achtzig, eine Zitronenscheibe vierzig Forint (was ungefähr zehn Cent/Rappen entspricht). Im hinteren Teil sitzen ältere Männer, die in mehreren kleinen Gruppen friedlich stundenlang Mühle spielen. Englisch oder auch jede andere Sprache als Ungarisch wird hier mit an Absicht grenzenden Stolz nicht gesprochen. Das Bambi ist echt retro in dem Sinne, als es schlicht nie etwas anderes war.

Szimpla Kert
Kazinczy utca 14
www.szimpla.hu

Fogasház
Akácfa utca 51
www.fogashaz.hu

Pótkulcs
Csengery utca 65/b
www.facebook.com/PotkulcsBudapest
www.potkulcs.hu

Dürer Kert
Ajtósi Dürer sor 19–21
www.durerkert.com/hu

Filter Klub
Almássy utca 1
www.facebook.com/filterartclub

Púder
Ráday utca 8
www.puderbar.hu

Street Food Karavan
Kazinczy utca 14
www.streetfoodkaravan.hu

Kuplung
Király utca 46
www.facebook.com/Kuplung

Ein Stand reiht sich an den anderen: Streetfood Karavan

Kőleves kert (und Restaurant)
Kazinczy utca 37 / 41
www.kolevesvendeglo.hu

Gozsdu Udvar
Király utca 13/Dob utca 16
www.gozsduudvar.hu/en

Paloma
Kossúth Lajos utca 14
www.palomabudapest.hu

Puskin Art Mozi (Kino)
Kossuth Lajos utca 18
www.puskinmozi.hu
www.facebook.com/PuskinArtMozi

Auguszt Cukrászda
Kossuth Lajos utca 14–16
www.august-cukraszda.hu

Párisi Udvar
Petőfi Sándor utca 2–4
www.parisipassage.hu

Gresham Palace (Four Seasons-Hotel)
Széchenyi István tér 5–6 (vormals Roosevelt tér)
www.palacehotelsoftheworld.com/greshampalace

Café Centrál
Károly Mihály utca 9
www.centralkavehaz.hu

Liszt Ferenc Zeneművészeti Egyetem / Franz-Liszt-Musikakademie
Liszt Ferenc tér 8
www.lfze.hu

Duna Park Café / Restaurant
Pozsonyi út 38
Facebook.com/dunapark1938/
www.dunaparkkavehaz.hu

Gundel Restaurant
Gundel Károly út 4
www.gundel.hu

Bambi Presszó
Frankel Léo út 1
Keine Website

Restaurantempfehlungen 3

Zsolt Balkanyi und Iris Guery wohnen in Zürich; sie ist 43 Jahre alt und Ökonomin und hat ungarische Vorfahren. Die Stadt erkundet sie mit ihrer Familie. Zsolt Balkanyi, 45, Historiker, ist in Budapest geboren; er sagt von sich, er spreche Ungarisch wie ein Kind und könne Speisekarten nur rudimentär lesen.

Zsolt Balkanyi und Iris Guery

Flow Speciality Coffee Bar & Bistro
Stylisches Café zum Verweilen, Diskutieren und Lesen. Inspiriert vom gleichnamigen Werk des großen Pädagogen Mihály Szentmihályi. Ganz in dieser Tradition sind Kinder sehr willkommen.
Andrássy út 66, www.facebook.com/flowcoffeeandbistro, www.specialty.hu/hu/hely/budapest/flow-specialty-coffee-bar-bistro

Szimpla Kert
Chaotisch, ungewöhnlicher Ort mitten in der Stadt. Es gibt nichts, was es nicht gibt. Man taucht ein und fällt irgendwo wieder raus. Was bleibt, ist ein «Huch!», da will ich wieder hin …
Kazinczy utca 14, www.szimpla.hu

Die ungarische Schriftstellerin **Kinga Tóth**, geboren 1983 in Sárvár, bekannt für ihre Lyrik und Live-Performances, empfiehlt:

KisPrésház
Meine Lieblingsorte in Budapest, die Galerien Boulevard und Brezhnev sowie Roham und das Bródy-Café, sind leider seit einigen Jahren geschlossen, deshalb wurde ich Gelegenheitsbesucherin verschiedenster Cafés, aber irgendwie konnte ich das richtige nie finden. Eines war zu putzig, das andere zu laut, im dritten konnte man sich nicht ausbreiten und schreiben und so weiter. Irgendwie passte es nirgends. Im vergangenen Dezember, 2019, hatte ich jedoch eine Lesung im damals neu eröffneten KisPrésház, dem literarischen Café von Prae Publishing. Vor jeder Veranstaltung bin ich frühzeitig vor Ort, um das Gelände auszuloten und natürlich die Angebote zu kosten. Und hier geschah es endlich nach so vielen Jahren: Man kann sich

Kinga Tóth im KisPrésház

umschauen, der Kaffee ist göttlich, die Atmosphäre super, man kann Prae-Bücher und zahlreiche Zeitschriften lesen, es gibt hier spannende Veranstaltungen – und die Kirsche zuoberst auf dem Sahnehäubchen: jede Menge vegane und allerlei andere Delikatessen!
Es war natürlich kein Zufall, dass ich Bettina und Miklós hier getroffen habe. (Kinga hatte hier einen ihrer Auftritte.)
Bartók Béla út 44, www.facebook.com/kispreshaz

Falls Sie keinen Platz im kleinen KisPrésház finden, empfehlen wir die fancy-buntdekorierte, sympathische, geräumige Szatyor Bar neben dem Hadik: Bartók Béla út 36, www.szatyor.bar.hu

Eszter Erdélyi, heute 39 Jahre alt, ist eine in Budapest geborene Ungarin und hat eine Ausbildung als Kommunikations- und Medienwissenschaftlerin absolviert.

Kisüzem
Mitten im Stadtzentrum und doch an einer luftigen, zu einem begrünten Platz offenen Ecke befindet sich diese lebhafte Bar, in der Menschen aus verschiedenen gesellschaftlichen Segmenten aufeinandertreffen. Das Publikum ist sehr vielfältig und interessant. Ein großartiger kultureller Ort, an dem der Abend mit einer Vielzahl von musikalischen Stummfilmen, Ausstellungen und anderen Programmen bereichert wird. Es lohnt sich, einige der täglichen warmen Gerichte zu probieren.
Kis Diófa utca 2, www.facebook.com/Kisuzem

Pizzica
Ein winziger, authentischer Ort. Das italienische Geschwisterpaar brachte die Geschmäcker mit sich, deretwegen ich oft bei ihnen vorbeischaue, wenn ich an einem ungezwungenen Ort schnell etwas Feines haben möchte. Beim Genuss der

Großer Betrieb im Kisüzem

dünnen, knusprigen, eckigen Pizzen kann man auf der Galerie im Obergeschoss oft auf die Werke lokaler Künstler an den Wänden stoßen.
Nagymező utca 21, www.pizzica.hu

Figaró Kert
Einer der Orte in Budapest, für die es sich lohnt, den Sommer in der Stadt zu verbringen. Eine abgelegene grüne Insel, umgeben von wunderschönen alten Gebäuden, in Újlipót. Ein kleines Pärkchen, das eher von Einheimischen besucht wird und sich im Sommer in einen Garten verwandelt. Der kleine Teich macht Gespräche stimmungsvoll, vor allem im Abendlicht.
An der Ecke von Katona József und Borbély utca
www.facebook.com/FigaroKertFigaroCsemegeSarok

Durch den Budapester Magen

Heute gibt es in Budapest von traditioneller ungarischer Küche über Fast Food bis Ramen und Sushi so ziemlich alles zu essen, was die Welt an Kulinarischem zu bieten hat. Diese Entwicklung reicht nur rund zwanzig Jahre zurück – ungefähr so lange, wie auch die Renovation und Restauration bedeutender Gebäude im zentralen Budapest in großem Stil angegangen wird. Befand sich Budapest nach 1989 bis zur Jahrtausendwende noch in einer Art Schockzustand, wandelt sich die Stadt seither in rasendem Tempo. Über die wirtschaftlichen Auswirkungen, den massiven Umbau der ökonomischen Struktur Ungarns haben wir bereits gesprochen. Und auch, wenn viel Kapital und Rendite in die Hände westlicher Investoren abfließen und Ungarn wie viele postkommunistische Länder, wie es der Wirtschaftswissenschaftler Thomas Piketty in *Kapital und Ideologie* (S. 797; vgl. Literaturliste im Anhang) beschreibt, deshalb zu einem «regelrechten Labor enttäuschter Hoffnungen» geworden ist, sieht man immerhin in der Hauptstadt, dass es mit der Kaufkraft einer urbanen Mittelstandsschicht besser aussieht als noch vor rund zwanzig Jahren. Die wirtschaftlichen Investitionen bringen Arbeit, wenn auch zu eher niedrigem Lohnniveau und mit großer Abhängigkeit, aber die Arbeitslosigkeit in Ungarn ist im europäischen Vergleich ziemlich niedrig (Ungarn: 3,7 Prozent; Dänemark: 4,6 Prozent; Frankreich: 8,7 Prozent; Spanien: 14,8 Prozent). Einer von vielen Effekten dieser Situation ist die Dichte von Restaurants, Bars, Bistros und Cafés in Budapest.

«Aber du musst auch erwähnen», sagt M, «dass es in Budapest sehr früh McDonald's-Filialen gab.»

«Du meinst den im Westbahnhof?», fragt B.

«Ja, im Nyugati pályaudvar. Alle McDonald's sollen ja gleich aussehen – aber dieser unterscheidet sich in seinem Stil von allen anderen Filialen der amerikanischen Kette. Er gilt gar als der schönste McDonald's der Welt – was für ein Widerspruch – in einem Gebäude, in dem man eher ein 5-Gang-Sternemenü erwarten würde. Eröffnet wurde er 1988.»

«Noch vor 1989 – wie war das möglich?», staunt B.

«Es war bereits der zweite McDonald's in Budapest – kurz davor wurde einer bei der Einkaufsmeile Váci utca, gleich um die Ecke an der Régi posta utca eröffnet: Das waren wohl die ersten McDonald's-Ableger in ganz Osteuropa … Das Bahnhofsgebäude, in dem sich McDonald's einrichtete, wurde Ende des 19. Jahrhunderts von der bekannten Eiffel-Firma im Beaux-Arts- und Neo-Renaissance-Stil gebaut, mit viel Glas und Stahl – übrigens noch vor dem Eiffelturm. McDonald's kaufte in den 1980er-Jahren den baufälligen Bahnhofsteil, in dem sich der alte Speisesaal befunden hatte. Bei der Instandsetzung mussten sie sich an strenge Auflagen des Denkmalschutzes halten; der schrieb vor, dass alles originalgetreu restauriert werden müsse.»

«Und wie nahmen die Budapester die McDonald's in den 1980er-Jahren auf?»

«Nun – viele waren sehr neugierig und begeistert. Für einige soll das eine so feierliche Sache gewesen sein, dass sie am Anfang sehr festlich gekleidet hingingen», erzählt M.

«Das kann man sich nicht vorstellen, wenn man im Westen aufgewachsen ist – wofür McDonald's stand, war da sehr weit entfernt von irgendeiner Art von Feierlichkeit.»

«Die McDonald's-Filialen waren zuerst, heute gibt es in der Stadt über dreißig, in ganz Ungarn rund hundert. Nach ihnen kamen fast überfallkommandomäßig all die anderen Fast Food-Läden aus Amerika: Kentucky Fried Chicken, Burger King, TGI

Friday's … und alle diese Restaurants liefen wie blöd. Es war mir immer ein Rätsel, warum die Leute nicht in die normalen Restaurants nebenan gingen, denn die McDonald's waren nicht einmal entscheidend billiger; aber es war eben etwas ganz anderes als alles, was die Menschen im Land lange gekannt hatten. Dann kamen auch immer mehr spanische und italienische Restaurantketten nach Budapest, zuerst geradezu panikartig, dann bald schon ein wenig zu spät, breiteten sich solche Unternehmen über die Stadt aus. Die kleinen Läden und Stände, wo man traditionelle ungarische Esswaren kaufen konnte, verschwanden mehr und mehr. Globalisierte Modeerscheinungen hingegen kamen immer mehr auf. Aperol Spritz oder Latte Macchiato gibt es heute auch in Budapest fast überall – es dauerte nur etwas länger, bis sich diese neueren Trends auch in Budapest durchsetzten. Ein Kaffee mit frischem Frühstücks-Gipfeli war lange ungewöhnlich in Ungarn – das fand man aber, wenn man es wusste, bereits Mitte der 1990er-Jahre beispielsweise im Kempinski Hotel.»

«Und gab es in Budapest ebenso bald auch chinesische Restaurants?»

«Ja, in Budapest lebende Chinesen richteten ihre meist kleinen Restaurants ein. Doch bis heute spielen chinesische Restaurants in Budapest nicht in der gehobenen Mittelklasse mit. Im Gegensatz zu beispielsweise den italienischen Restaurants, von denen es viele sehr gute und noble gibt.»

«Das Fausto's an der Dohány utca bei der Großen Synagoge gehört dazu. Oder das Pomo D'Oro in Lipotváros, da haben wir schon sehr gut gegessen!», wirft B ein.

«Ja, das sind erstklassige Restaurants. Es gibt daneben das relativ günstige Il Terzo Cerchio …»

«… benannt nach Dantes Göttlicher Komödie – der dritte Höllenkreis ist ja der, wo die Seelen der Gefräßigen im Eisregen liegen, bewacht von Kerberos. Das Restaurant befindet sich ebenfalls an der Dohány utca – und es ist so groß, dass man meist noch einen Platz findet.»

Palatschinken mit Banane, Schokolade und Eis

«Ein leider mittlerweile schlechtes Beispiel ist das Millenium da Pippo nahe beim Oktogon, an der Andrássy út: Die übertreiben es mittlerweile mit den Preisen. Jedes Jahr haben sie mindestens einmal aufgeschlagen, parallel zu den steigenden Immobilienpreisen …, und jetzt ist es im Vergleich zur Leistung einfach zu teuer. Da hat man im Fausto's und im Pomo D'Oro bei fast gleich hohen Preisen immerhin ein stilvolles Interieur und eine sehr professionelle Bedienung. Wer aber einfach eine gute Pizza oder Lasagne will, findet sie bei Da Mario, im Colosseum oder im La Coppola.»

«Auffällig ist, dass es in Budapest immer mehr Restaurants gibt, die traditionelle ungarische Gerichte auf eigene Weise interpretieren und so den bekannten Gerichten eine besondere Note geben. Eine Art Fusionsküche …»

«Ja, es muss nicht mehr immer derart deftig sein wie früher. Die urbanen Leute, vor allem die jungen, möchten nicht mehr so altmodisch schwer essen. Auch wenn Fettleibigkeit in Ungarn noch immer sehr verbreitet ist.»

«Was mich nicht wundert», meint B, «wenn ich die überquellenden Berge von Fleisch oder Backwaren oder Süßigkeiten sehe, wie sie in den Buden auf Straßenmärkten aufgetürmt werden …»

«Eine Verwandte von mir hat mich einmal zum Essen eingeladen – sie wusste, dass ich Palatschinken besonders mag. So erwarteten mich rund fünfzig fein säuberlich aufgeschichtete Pfannkuchen», M atmet tief ein und seufzt: «Die waren wirklich sehr gut – aber nach zehn Stück gab ich auf …» Er denkt kurz nach. «In Konditoreien sind aber die Portionen schon kleiner geworden. Da ist es dann einfach weniger für denselben Preis …»

Die wohl international bekanntesten Bestandteile ungarischer Küche sind Paprika und vielleicht auch noch túro (in etwa vergleichbar mit Topfen beziehungsweise eher trockenem Quark). Traditionelles ungarisches Essen ist reichhaltig, schwer, oft würzig bis scharf – und Fleisch stellt einen wichtigen, oft geradezu unverzichtbaren Bestandteil dar. In die Gerüche, Geschmäcker und die Bilder dieses Essens und Trinkens kann man in der Großen Markthalle eintauchen, und mittlerweile gibt es zahlreiche geführte Kulinarisches Budapest-Touren samt Kochkursen, die man online finden kann. Das

Stand mit Süßigkeiten an einem Straßenmarkt

Nonplusultra ist natürlich ein köstliches Gulasch – und das, was man sich in Westeuropa unter einem Gulasch vorstellt, ist das Pörkölt (wörtlich ins Deutsche übersetzt: geröstet), nämlich Fleischwürfel (Rind, Kalb, Lamm, Schwein oder auch andere Fleischsorten) in einer würzigen Sauce. Ein Ragout – und nicht etwa eine Suppe (gulyásleves; leves: Suppe), wo die Fleischstücke in einer viel dünneren Flüssigkeit, eben einer Suppe schwimmen. Gulyás, also Pörkölt, dessen Ursprung auf die magyarischen Nomaden zurückgeht, galt lange als Arme-Leute-Essen, wurde sodann aber insbesondere im 19. Jahrhundert als Nationalgericht kultiviert, zwecks kultureller Abgrenzung gegenüber den Österreichern in der Doppelmonarchie. Natürlich haben sich bei einem solchen symbolisch aufgeladenen Gericht über die Jahre unzählige Varianten herausgebildet. Ein würziger Duft, der einem aus dem Teller in die Nase steigt, die dunkelbraune Sauce dickflüssig und in der Schärfe pointiert, aber nicht so, dass einem die Tränen in die Augen schießen, die Fleischstücke so lange gekocht, dass sie noch kompakt sind und

Das klassische Rezeptbuch von Károly Gundel

gut aufgegabelt oder aufgespießt werden können, aber doch kurz davor stehen, zu verfasern und zu zerfallen, ein rundes, volles, rotbraunes Gefühl auf Zunge und Gaumen: Das ist ein richtig gutes Pörkölt. Es wärmt Magen und Seele und den ganzen Körper. Dazu gehören goldgelb glänzende, saftige, geradezu dralle Nockerl (Spätzle, Knöpfli) – und auf einem kleineren Teller ein kühlender, knackiger Uborkasaláta (Gurkensalat, die Gurken in Scheiben, niemals geraffelt), je nachdem mit etwas Sauerrahmsauce angerichtet, darüber ein halber Teelöffel feuerrot leuchtendes Paprikapulver. Grün-Weiß-Rot, wie die Fahne Ungarns …

«Da es im Prinzip so viele Pörkölt wie Köche gibt: Wie lautet denn dein Rezept für ein perfektes Gulasch?», fragt B.

«Als ich etwa zwanzig Jahre alt war, entdeckte ich dieses grüne Büchlein im Familienerbe …», sagt M und steht auf.

«Ja? …», B folgt ihm mit den Augen. M öffnet den Schrank, in dem die Kochbücher liegen, und beginnt zu suchen.

Ein größeres Pack Paprika: preiswert und frisch

«Mal sehen, vielleicht ist es hier …», M wühlt weiter. Nach einigen Sekunden stößt er einen kleinen Freudenschrei aus: «Da ist es ja!» Er wedelt mit einem dünnen hellgrünen, tatsächlich eher kleinen Buch und schlägt es vorne auf: «Das ist eine alte Ausgabe des Kochbuchs, das Károly Gundel, der berühmteste ungarische Koch und Gründer des Gundel-Restaurants, verfasst hat. Gundel lernte in den großen Hotels Ritz und Adlon, war in Deutschland, Frankreich, England und der Schweiz unterwegs und sammelte Inspirationen. 1910 übernahm er ein Restaurant beim Stadtwäldchen, daraus wurde das international bekannte Gundel. – Das Büchlein hier ist 1958 in Ungarn auf Deutsch erschienen … Schau, es hat viele Zeichnungen drin.»

«Und welche Rezepte sind da drin zu finden?», fragt B.

«Alles Mögliche, die traditionellen ungarischen Rezepte …», er beginnt zu vorzulesen: «… von Rühreiern mit Krebsen über Szegediner Gulaschhuhn und Kartoffel-Paprikás – extrem fein! – bis zum Strudel und geschichteten Palatschinken. Oder, da: Topfenschnitten, Eszterházybraten, gefüllte Paprikaschoten … es sind insgesamt 140 Rezepte. Etwas Originaleres gibt es in dem Sinne nicht, das ist sozusagen die Bibel des ungarischen Kochens geworden. Aber die Rezepte sind nicht für Anfänger – das meiste ist gar nicht so einfach zu kochen.»

«Und mit dem Buch hast du also gelernt, wie man ein gutes Pörkölt kocht?»

«Ja und nein … es ist nämlich so, und ich fand das seltsam, dass es darin keine genauen Angaben wie sonst in Kochbüchern gibt, wie viel genau von welcher Zutat man nehmen muss und wie lange und wie heiß jeweils das Ganze gekocht werden soll und mehr. Man muss also selbst herausfinden, wie man etwas kochen will, wie es am besten schmeckt. Offenbar ist es ein Kochbuch für Köche und solche, die gut kochen können. Zudem sind die Zutaten anders als heute – wer kocht heute noch mit Schweinefett? Das war damals aber billig und gängig.»

«Nun möchte ich aber schon wissen, wie du dein feines Pörkölt machst …», sagt B etwas ungeduldig.

«Meine Erfahrung ist: Das Wichtigste ist das Fleisch. Es geht überhaupt nicht darum, das Teuerste zu nehmen. Filet ist zu dünn

und wird zu trocken in einem Pörkölt, Tafelspitz ist Suppenfleisch. Ich nehme normalerweise Rindsbraten. 1,5 Kilo reichen für 6 Personen. Man soll unbedingt immer mehr machen, als man in einem Mal isst; denn ein gutes Pörkölt wird mit jedem Aufwärmen noch besser. Vom Geschmack her ist ein Kesselgulasch, also ein Pörkölt, das man auf offenem Feuer schmoren lässt, wunderbar.»

«Und wie fängst du an?»

«Ich nehme sechs bis acht große Zwiebeln, schäle sie, schneide sie in Ringe. In Öl oder Bratbutter in einem großen Brattopf erhitzen, rösten. Das Fleisch in Stücke schneiden, aber Achtung: Die Stücke müssen größer sein als Geschnetzeltes – sie werden sonst steinhart! –, aber kleiner als Voressen. Kräftig anbraten. Salzen – aber nicht versalzen! Temperatur auf mittlere Hitze. Eine oder zwei Knoblauchzehen, reichlich süßes, mildes Paprikapulver – da kann ich jetzt nicht genau sagen, wie viel. Jetzt scharfes Paprikapulver dazugeben.»

«Aber wie viel denn nun?», fragt B.

M lacht: «Ja, eben … nicht so einfach! Ich würde sagen, je nach Geschmack! Vielleicht zwei Teelöffel vom milden und einen Teelöffel vom scharfen. – Apropos Paprika … jetzt kommt der Geheimtipp …», M senkt seine Stimme.

«… ja, das wollte ich dich fragen – es gibt doch so viele Paprikasorten!», wirft B neugierig ein.

«In der Großen Markthalle, der Nagy Vásárcsarnok, findet man eine riesige Auswahl. Es lohnt sich, dort frisches Paprikapulver einzukaufen. Aber man findet es in Budapest natürlich auch in jedem anderen Laden. – Es gibt milden Paprika – ungarisch: édes – scharf: csípős oder auch geräuchert: füstölt. In der Markthalle soll man Paprika nicht in kleinen, teuren Geschenkpackungen kaufen, sondern vom Edelpaprika gleich ein halbes Kilo. Und halb so viel scharfen Paprika. Und ein kleines Glas – das wird dort abgewogen – mit geräuchertem Paprika. Wenn du das riechst: Das haut dich um! Man muss es immer gut verschlossen aufbewahren. Sie lassen dich daran riechen – als ich es zum ersten Mal roch, bin ich vor Entzücken fast in Ohnmacht gefallen! – und geben einem auch ein extra Holzlöffelchen zum Portionieren mit.»

«Wir sind mitten im Kochen des Pörkölt – wie geht es weiter?»

«Du gibst auch von dem geräucherten Paprika einen halben Teelöffel voll in die Pfanne. Und jetzt wird es Zeit, das Ganze abzulöschen. Man leert einen halben Liter Rotwein dazu. Die Temperatur nicht erhöhen, und rühren rühren rühren. Das ständige Rühren darf man nie vergessen … Dann wird es Zeit für die Tomaten: zwei bis drei aufschneiden und rein. Nach einer halben Stunde circa fünf Deziliter Gemüsebouillon dazugeben. Die Pfanne nicht zudecken, damit die Flüssigkeit fortlaufend verdampfen kann. Eine Stunde köcheln lassen, den Topf dabei immer im Auge behalten. Dann zwei Paprika, also das Gemüse, wir in der Schweiz sagen sagen: Peperoni – und …»

B unterbricht ihn: «Welche Farbe Paprika?»

«Das ist ganz egal, Grün, Rot oder Gelb. Und jetzt – und das ist eine Errungenschaft der modernen Küche, das gibt es in Ungarn auch in jedem Lebensmittelladen – nimmt man das Glas erős pista hervor.»

«Was ist das?»

«Erős pista ist eine cremige Gewürzmischung – irrsinnig scharf. Von dem einen bis anderthalb Teelöffel beimischen und gut umrühren. Dann das Übliche, nämlich Salz, Pfeffer und Cayennepfeffer beigeben. Aber ohne erős pista wird es nie so gut. – Dann auf mittlerer Temperatur eine weitere Stunde köcheln. – Zwei bis drei Deziliter Rotwein. Und wieder köcheln köcheln … abschmecken. Man kann jederzeit nachwürzen. Wenn es mal zu scharf ist, kann man ein Gulasch nur noch retten, indem man Wasser beifügt. Aber das ist schon ziemlich rumgeflickt … das sollte nicht passieren. So lange kochen lassen, bis der Saft sämig wird – aber ja kein Mehl und auch keine Maizena dazugeben! Die Sämigkeit soll allein vom Fleisch und vom Einkochen herrühren. Wenn das Fleisch durchgegart ist, noch einmal eine halbe Stunde köcheln lassen.»

«Wie lange dauert das denn insgesamt», staunt B, «fünf Stunden?!»

«Mindestens drei Stunden, es können auch vier sein», schmunzelt M., «das hängt von der Qualität des Fleisches ab. – Und die Beilage: Csipetke, also gezupfte Nudeln, auch Knöpfli oder Spätzli genannt, passen am besten. Oder Reis. Oder gekochte, in Würfel geschnittene Kartoffeln. Noch ein Tipp: Wenn man am Ende nur noch Pörkölt-Saft hat, ja nicht die Sauce weggießen, sondern frisches Weißbrot darin tunken … mmmmmh! Nagyon jó!» M sieht jetzt gerade sehr zufrieden aus. Beinahe so, als hätte er eben selbst eines seiner schmackhaften Pörkölt gegessen.

«Und», sagt er jetzt noch, «wenn nun jemand mein Rezept nachkocht: Ich übernehme keine Haftung, jegliche Schadenersatzforderungen sind wegbedungen.»

«Na, ich glaube, das könnte doch durchaus auch gelingen bei einer so detaillierten Beschreibung!», grinst B. «Und wann kochst du uns das nächste Mal dein Pörkölt?»

Das beste Pörkölt gibt es unserer Meinung nach im Restaurant Menza nahe Oktogon und Andrássy út (vgl. Restauranttipp nach Kap. 4); es ist kräftig gewürzt und wird mit leuchtenden Spätzli serviert. Oder man lässt sich von uns einladen, und Miklós kocht.

Eine andere Besonderheit der ungarischen Küche, die man bisweilen mit großem Stolz auf Restaurantstraßentafeln angekündigt sehen kann, ist Mangalica-Fleisch. Der Hintergrund dazu ist nichts für empfindliche Gemüter. Mangalica-Schweine – auch Wollschweine genannt, denn das sind Schweine mit viel Unterwolle und einem dichten Borstenteppich, also das, was man stark behaart nennen könnte – sind heute eine zähe, kälteresistente Zuchtrasse und an manchen Orten ein richtiger Kult. In vielen Gegenden Ungarns ist es Tradition, die entsprechenden Höfe zu besichtigen und ein junges Schwein zu adoptieren, dessen Fleisch man später, nach der Schlachtung des erwachsenen Tieres – an welcher man selbst mitgewirkt hat … –, im Auto nach Hause fährt. Die

Blick in das stets gut frequentierte Restaurant Menza

rund hundert Kilo oder mehr lagern die Leute in der Kühltruhe ein. Davon zehren mehrere Menschen für Monate.

Hinter oder für manche gleich neben den heimischen Fleischgerichten rangieren die bekannten ungarischen Fischgerichte. Wir haben einen Bekannten, Peter Biro, er ist gebürtiger Ungar und lebt heute in der Schweiz, wo sich seine kulinarischen Sehnsüchte oft ins Unermessliche potenzieren, bevor er wieder – «viel zu selten», schreibt er uns bedauernd – nach Ungarn reist. Dort rufe ihn jeweils das ungarische «Halászlé», denn dieses, so Biro, erfreue sich neben der französischen «Bouillabaisse», der ukrainischen «Ucha» und der amerikanischen «Clam Chouder» der ehrwürdigen Auszeichnung, eine weltberühmte Delikatesse zu sein. Wer Peter Biros Ausführungen folgt, wird nicht umhinkönnen, den Duft dampfender Fischsuppen zu imaginieren:

«Zur Etymologie der edlen Speise Halászlé ist festzuhalten, dass ihre Bezeichnung sich aus halász (deutsch: Fischer) und lé (deutsch: Sud, Brühe) zusammensetzt. Dies ist ein den anspruchsvollen Sachverhalt grob irreführender Name, der keinesfalls bedeuten sollte, dass man diese Suppe aus dem unglücklichen Fischer herstellt (analog zum deutschen Zigeunerschnitzel und dem österreichischen Bauerngröstl, für die erfreulicherweise ebenfalls keine kulinarisch bedingten

Menschenopfer dargebracht werden müssen). Nein, Halászlé wird traditionsgemäß aus dem Fang des Fischers zubereitet, und zwar aus vielen verschiedenen Flussfischen, die am besten aus den schattigen Auen der träge dahinfließenden Theis stammen und per berittenem Eilboten schnellstens in die auserwählten Garküchen der Hauptstadt verbracht werden.

Die Variationsbreite der als Halászlé bezeichneten Speisen ergibt sich aus den behördlich genehmigten und streng geregelten Kombinationen der einheimischen Weißfischsorten, als da wären Rotauge, Karausche, Brachse, Karpfen, Wels und Hecht. Der jeweilige Anteil ist das Geheimnis eines jeden Meisterkochs und wird traditionsgemäß meist im letzten Moment nur an seinem Sterbebett vom Vater an den Sohn weitergegeben – und das auch nur auf die drängenden Nachfragen des besorgten Jünglings. Dieser Umstand sorgt dafür, dass die Zahl der eingeweihten Halászlé-Kochspezialisten überschaubar bleibt. Im Horgásztanya-Restaurant (vgl. Biros Restauranttipp am Ende dieses Kapitels) besteht diesbezüglich keine Gefahr, denn der Besitzer hat sein auf Marmorplatten mit güldenen Lettern eingraviertes, geheimes Wissen sicher verwahrt und den Schlüssel des Stahltresors in sein Kopfkissen eingenäht.

Den Uneingeweihten seien hier noch die wichtigsten Charakteristika eines veritablen Halászlé mitgeteilt: auf einer mit feingehackten Zwiebeln und mit viel rotem Paprikapulver im Schweinefett erhitzten und mit Wasser gelöschten Basis werden die von Innereien befreiten, kleingeschnittenen und teils grob geraspelten Fischstücke nach zeremonieller Art der Husaren (das heißt in kerzengerader Habtachtstellung) beigegeben und sorgfältig aufgekocht. Währenddessen ertönt vom Band die Landeshymne, und eine uniformierte Küchenhilfe hisst und salutiert die Fahne. Manche besonders ausgefuchsten Spezialisten geben auch noch den Fischrogen dazu und servieren das Ganze mit Sahne (das ist dann die Korhelyer Variante).

Dazu ofenfrisches Weißbrot. Man kann je nach Belieben unterschiedliche Grade von Schärfe beigeben; ich bevorzuge jene, die gerade noch ausreicht, um mir drei Tränen aus den Augenwinkeln herauszulocken. Die erste aufgrund der reizenden Würzung, die zweite wegen des Friedensdiktats von Trianon und die dritte aufgrund der Rührung ob der aufgetischten, unermesslichen Köstlichkeit. Denn eines muss hier klargestellt werden: Nur der entsprechend aufgeklärte Genießer kann die Wohltat dieser Speise ermessen. Erst wenn er über die grundlegenden Aspekte der angewandten Halászléologie Bescheid weiß, darf er unbesorgt den Löffel ergreifen und seinen erwartungsvollen Gastralleib auf wohltuende Weise mit dem köstlichen Fischsud fluten.»

Von der Halászléologie der Gourmetklasse gehen wir – einmal mehr ein Gegensatz – zu den Essensständen in Budapest, bei denen man zuschauen kann, wie Lángos oder Kürtöskalács zubereitet werden. Lángos ist ein Fladen aus Kartoffelhefeteig, der, in Öl schwimmend (!), ausgebacken wird. Oft wird er mit hartem, geraffeltem Käse, Sauerrahm oder Wurst angerichtet. Aber es gibt auch die süße Ausführung, wenn Zimt und Zucker oder Schokoladecreme und Banane oder Marmelade auf die Fladen gestreut oder gestrichen werden. Der Fantasie sind da keine Grenzen gesetzt.

Kürtöskalács wiederum sind die schon von Weitem duftenden Schornstein- beziehungsweise Baumkuchen (kürt: Horn, kalács: Gebäck). Die mit Abstand besten Kürtöskalács sind diejenigen, die über einer offenen Feuerstelle, einem echten Grill, gebacken werden. Der aufgegangene Hefeteig mit den Zutaten Mehl, Zucker, Eier, Butter, Milch, Salz und eventuell auch Nüssen oder Mohn wird in Streifen auf zylinderförmige Hölzer aufgerollt und über der Hitze goldbraun gebrannt. Direkt von der Rolle rauchen die Kürtöskalács wie Schornsteinröhren – und jetzt sollte man sie gleich essen, denn warm

Kuchenstand an einem Straßenfest

schmecken sie am besten. Varianten sind beispielsweise solche mit Vanillegeschmack oder mit Schokoladestückchen, Kakaopulver, Mohn oder Kokossplittern. Kürtöskalács sind billig, aber sehen geradezu spektakulär festlich aus: Sie sind ein weiteres Beispiel dafür, wie aus dem Einfachsten mit einer guten, im Prinzip simplen Idee eine andere Welt entstehen kann. Und Kürtöskalács werden in Ungarn denn auch bevorzugt an Festen wie Hochzeiten oder Empfängen dargeboten. Wer gerade keinen Stand findet, aber unbedingt Kürtöskalács probieren will: Im Molnár an der Váci utca gibt es sie immer.

Und damit ist die lange Parade ungarischer Süßigkeiten noch lange nicht zu Ende. Es gibt die Palacsinta, die Palatschinken, dünne Pfannkuchen, die ungefähr so variantenreich wie Crêpes gefüllt und bedeckt werden können. Köstliche Ausgaben findet man in den Restaurants Gundel (die weltberühmte Gundel-Palacsinta mit der von uns bereits besungenen warmen Nussfüllung), im ebenfalls schon erwähnten Fülemüle oder im Restaurant Rosenstein (vgl. Restauranttipps nach Kap. 5). Es gibt auch die salzigen Varianten, kalt oder warm, beispielsweise gefüllt mit Hühnerpaprika (csirkepaprikás).

Die Ungarn haben unzählige Tortensorten geschaffen, so unter anderem die Eszterházy- oder die Dobos-Torte. Beide sind kunstvoll gestaltet, bestehen aus mehreren Schichten Biskuit, Buttercreme beziehungsweise Schokoladenbuttercreme und Zucker- oder Karamellglasur. Ein Ratschlag für all diejenigen, die sich fragen, wie man denn die Dobos torta mit ihrer harten Biskuit-Karamellglasurdeckschicht am elegantesten angeht – ohne dass einem der halbe Tortenturm unter der Gabel weg und aus dem Teller rutscht oder gar fliegt: Man schiebt die Gabel langsam, aber mutig unter diese Schicht, hebt sie hoch und legt sie auf den Teller, wo man sie nun risikofrei traktieren kann. Und das Tortenstück daneben liegt schutzlos da und kann nun auch, abwechselnd mit der süßer als süßen Deckschicht, verspeist werden.

Den Bejgli-Stollen, der auf den ersten Blick für Nichtkenner wie eine Birnenbrotroulade aussieht, ist ein typisch ungarischer Kuchen, genauer: eine Rolle, die es mit zwei verschiedenen Füllungen gibt: Mohn oder Nuss. Es lohnt sich nicht doppelt, sondern fünfmal, Bejgli nicht in einem Supermarkt zu kaufen, sondern in einer Konditorei. Die Besten gibt es unserer Meinung nach im Dunapark. Damit sind es der Kalorienbomben aber noch längst nicht genug. Wir erwähnen noch Császármorzsa, österreichisch: Kaiserschmarren, benannt nach Kaiser Franz Joseph I., also eine Art Doppelmonarchie-Küchenkind mit einer zugleich österreichischen und ungarischen Identität. Császármorzsa erhält man in klassischer Zubereitung bei Rosenstein, im Menza in leckerer moderner Interpretation, während die Variante im Macesz Bistro eine mutige Verbindung von Alt und Neu darstellt, mit Früchten garniert.

Eine ganze Welt für sich ist außerdem das berühmte ungarische Marzipan. Die bekanntesten Marken sind Szamos und Szabó. Die Geschichte von Szamos und Szabó begann in Szentendre – im Falle von Szamos mit einem serbischen Bäckerlehrling, dem ein dänischer Zuckerbäcker zeigte, wie man aus Marzipan Rosen formen kann. Heute befindet sich das größte Szamos-Produktionshaus in Pilisvörösvár in den Budaer Bergen. In Szentendre gibt es heute ein Marzipanmuseum, wo es (fast) alles aus dem süßen Mandel-Zuckergemisch gibt; es erinnert an ein Wachsfigurenkabinett, weil hier unter anderem Lady Di, Sisi, Graf Széchenyi, Michael Jackson, Maria Theresia, Schneewittchen oder Micky Maus in Marzipan bewundert werden können …

Und wer dann noch nicht genug hat, besuche das Dobos-Schokoladen-Museum, ebenfalls in Szentendre. Die mitten in der touristischsten Zone von Buda gelegene Ruszwurm-Konditorei neben Fischerbastei und Matthiaskirche ist übrigens auch ein Unternehmen des Sohnes des Szamos-Dynastiekopfes – und einer der zentralen Ableger in Pest ist die Szamos Marcipán Cukrászda an der Párisi utca.

Wieder eine andere Geschichte ist der Flódni-Kuchen, der sehr aufwändig herzustellen ist, weshalb man ihn in Budapest nicht so oft wie andere bekannte ungarische Süßigkeiten auf Menükarten findet – der Flódni ist ein traditioneller jüdischer Kuchen, aber ihn sparen wir uns für Kapitel fünf auf, wenn wir auf das jüdische Budapest zu sprechen kommen.

All die Esswaren und Süßigkeiten rutschen natürlich besser, wenn ihr Verzehr von Flüssigkeiten begleitet wird. Eine Gegenbewegung zu den für Ungarn vergleichsweise teuren internationalen, maschinell gefertigten Limonaden, wie sie unter anderem die Marke Coca-Cola herstellt, ist die Limonádé, deren klassischste Variante auch so heißt: Klasszikus

Limonádé. Sie ist heute ein weitverbreiteter Trend, weshalb man in kaum einem Restaurant keine solche Limonádé trinken kann. Sie wird in den Restaurants, Bars, Cafés selbst zubereitet, in wenigen oder zahlreichen Variationen (so im Menza, vgl. Tipp nach Kap. 4, oder im Kiosk, vgl. Kap. 6), und ist erstens gesünder als die künstlichen Süßwassergetränke, weil sie Mineralwasser, frische Zitrusfrüchtescheiben, manchmal auch frische Pfefferminze enthält, zweitens billiger, weil immer großzügig bemessen, und drittens schmeckt sie einfach unvergleichlich gut.

Sodann gibt es natürlich auch die schärferen Sachen. Ungarn sehen, ohne einen Pálinka (Obstbrand) getrunken zu haben, ist ein schweres Vergehen. Es gibt unter anderem einen aus (barack) Aprikosen, szilva (Zwetschge) und cseresznye (Kirsche) oder auch alma (Apfel) oder birsalma (Quitten) destillierten Pálinka mit einem Alkoholgehalt von vierzig oder gar fünfzig Prozent. Meist schmeckt er weich und aromatisch, aber er darf auch durchaus im Hals brennen. Árpád ist unserer Meinung nach die beste Marke. Seit Neuestem gibt es in Budapest auch ein Pálinka-Museum, mitten im Erzsébetváros-Gewimmel. Eine ungarische Besonderheit ist der Kräuterlikör Unicum, oder eher noch: Magenbitter der Brennerei Zwack. Unverkennbar ist die kugelförmige, dunkelgrüne Flasche mit dem gleichschenkligen goldenen Kreuz auf rotem Grund. Unicum ist ein Extrakt aus rund vierzig verschiedenen Kräutern und Wurzeln mit vierzig Prozent Alkoholgehalt – und ehrlich: Für unseren Geschmack ist er zu bitter. Wahrscheinlich waren wir nicht die Einzigen, die das so empfunden haben, denn Zwack hat vor wenigen Jahren auch einen milderen Kräuterlikör auf den Markt gebracht, den Unicum Next, mit etwas weniger Alkoholgehalt und einem Schuss Zitrusextrakten, der vor allem bei der jüngeren Generation gut ankommt.

Aber Achtung – apropos Alkohol in Ungarn: Im ganzen

Land gilt Nulltoleranz bezüglich Alkohol am Steuer, die Promillegrenze liegt bei 0,0 Prozent, da gibt es keinen Interpretationsspielraum.

Die Unicum-Geschichte geht ins letzte Jahrzehnt des 18. Jahrhunderts zurück, als Joseph Zwack mit seinem Wissen am Hof etwas Magenberuhigendes für den von chronischen Magenproblemen geplagten österreichisch-ungarischen Kaiser Joseph II. zubereitete – und von da an bis heute ist das Rezept von der Familie Zwack gut gehütet. Diese hatte übrigens in den 1950er-Jahren eine Klage gegen den ungarischen Staat einreichen müssen, weil das 1948 zwangsverstaatlichte Unternehmen weiterhin unter dem Namen Unicum Likör aus Budapest exportierte – übrigens nicht mit der (noch immer geheimen) Originalrezeptur; die Familie Zwack gewann. Die Geschichte von Zwack, einer Firma, die heute bereits in sechster Generation geführt wird und deren Entwicklung von den politischen und gesellschaftlichen Umwälzungen Ungarns geprägt ist, wird im Zwack Unicum-Museum in Budapest anschaulich dargelegt; ein Kurzfilm erzählt die Dynastiegeschichte, und neben Museumsräumen kann man Destillations- und Extraktionsanlagen besichtigen und Unicum verkosten (und natürlich auch kaufen).

Die Geschichte der Familie Zwack ist eine jüdische Geschichte. Péter Zwack, der Vater der heutigen Firmenleitungsgeneration, geboren in eine zehn Jahre vor seiner Geburt zum Christentum konvertierte, jüdische Familie versteckte sich vor den faschistischen Pfeilkreuzlern und den deutschen Nazis unter anderem in einem Keller. An einem Tag entgingen die Zwacks nur knapp der Erschießung am Donauufer, wo heute ein besonders eindrückliches Denkmal an die Massenmorde erinnert, die hier stattgefunden haben (vgl. Kap. 5). Péter Zwack kehrte nach vielen Jahren in den USA, Wien und Florenz 1988 nach Ungarn zurück und machte hier die Familienfirma mit Hilfe der heute schweizerischen Underberg-Gruppe wieder erfolgreich.

McDonald's im Westbahnhof/Nyugati pályaudvar
Térez körút 55
www.mcdonalds.hu/ettermeink/budapest-terez-korut-55

Fausto's Ristorante e Osteria
Dohány utca 5
www.fausto.hu

Pomo D'Oro Trattoria
Arany János utca 9
www.pomodorobudapest.com

Da Mario
Vécsey utca 3
www.damario.hu

Ristorante Colosseum
Váci utca 63
www.facebook.com/Ristorante-Colosseum-Budapest-804547129632405/

Trattoria La Coppola
Károlyi utca 19
www.lacoppola.hu

Nagycsarnok / Große Markthalle
Vámház körút 1-3
www.budapestmarkethall.com

Molnár's Kürtöskalács
Váci utca 31
www.kurtoskalacs.com

Macesz Bistro
Dob utca 26
www.maceszbistro.hu

Marzipanmuseum Szabó und Szamos
Dumtsa Jenő utca 12, Szentendre
Vgl.: www.szamosmarcipan.hu/de

Dobos-Schokoladen-Museum
Nosztalgia Ház, Bogdányi utca 2
www.museum.hu/szentendre/dobos

Konditorei Ruszwurm
Szentháromság utca 7
www.ruszwurm.hu

Szamos Marcipán Cukrászda
Párizsi utca 3
www.szamos.hu

Pálinka-Museum
Király utca 20
www.palinkabudapest.com

Zwack Unicum Museum (Unicum Ház)
Dandár utca 1
www.zwackunicum.hu
Das Interview mit Péter Zwack zu seinem Überleben als Jude in Budapest 1944/45 ist online zu finden, dokumentiert von der Internationalen Raoul Wallenberg-Stiftung, vgl.: *www.raoul-wallenberg.net/wallenberg/testimonie/interviews/peter-zwack/*

Peter Biro

Restaurantempfehlungen 4

Peter Biro, geboren 1956 in Ungarn, ist Anästhesiearzt am Universitätsspital Zürich und Titularprofessor für Anästhesiologie an der Medizinischen Fakultät der Universität Zürich. «Budapest», schreibt er uns zu seinem Tipp, «war immer Sehnsuchtsort meiner Kindheit. Auch heute noch halte ich Budapest für eine der schönsten und liebenswertesten Städte Europas (gleich an zweiter Stelle nach Dübendorf). Meine richtig große Liebe zu Budapest entbrannte, als ich vier Jahre alt war, anlässlich eines Besuchs im dortigen Zoo. Außerdem beeindruckten mich die gelben Straßenbahnen und das Freiheits- oder Siegesmonument auf dem Gellért-Berg. Jedes Mal, wenn ich irgendwo am Horizont eine ähnlich konfigurierte Silhouette sah – seien dies irgendwelche Bäume oder sonstige hochragende Bauten –, war ich überzeugt, Budapest in der Ferne zu erblicken, und es wurde mir warm ums Herz. Ansonsten habe ich Verwandte und Freunde dort und reise regelmäßig hin. Viel zu selten allerdings.» Peter Biro empfiehlt:

Horgásztanya-Restaurant in Buda

In der alten Monarchie grüßte man einander gerne – dazumal in der cisleithanischen Reichshälfte – mit «Habe die Ehre!», meistens jedoch nur mit dessen bis zur Unkenntlichkeit abgekürzten Formel «Djere». Ich habe die ausgesprochene Djere, von den Herausgebern dieses Buches eingeladen worden zu sein, einen Beitrag zur Budapester Gastronomie beizusteuern. Das mache ich nur zu gerne, vom unerschütterlichen Glauben durchdrungen, dass nur

im höchsten Grade zivilisierte Nationen in der Lage sind, nach Erreichung ihrer anspruchsvollsten Stufe der Kochkultur, eine wirklich gute Fischsuppe hervorzubringen. Das berühmte Halászlé beziehungsweise das Restaurant Horgásztanya, wo ich am liebsten diese Gaumenkostbarkeit ehrerbietig serviert bekomme, sind jener magische Anziehungspunkt, der mich direkt nach meiner Ankunft vom Flughafen lockt. Das ist aus gutem Grund so, weil überwältigende Variationen von verschiedenen, nach alten, sorgsam gehüteten Hausrezepten zubereitete Halászlé-Sorten («Halász»: Fischer; «Lé»: Sud/Brühe) angeboten werden. Die reichhaltige Menükarte des Horgásztanya enthält nebst vielen anderen schmackhaften Speisen nicht weniger als elf verschiedene Sorten des Halászlé, deren Preise sich zwischen 2000 und 3500 Forint bewegen und in der Zusammensetzung je nach Jahreszeit und den Launen des Küchenpersonals variieren. Die wohl edelste und somit teuerste Variante ist der «Harcsahalászlé bográcsban tálalva», für deutsche Ohren in etwa: «Welssuppe im Kessel serviert». Hierzu muss man wissen, dass wahre Kenner sich das Halászlé nicht in einem herkömmlichen Teller vorsetzen lassen. Für sie muss es standesgemäß in einem «Bogrács» genannten Kessel daherkommen, so wie es seinerzeit die Fischer am Flussufer über offenem Feuer zubereitet hatten.
Würde man die Inneneinrichtung des Restaurants als «rustikal» bezeichnen, könnte das leicht als Untertreibung gedeutet werden. Die kleinen Tische mit ihren niedlich wirkenden, grün-weiß karierten Tischdecken sind von jeweils zwei bis vier Stühlen umgeben – daher eignet sich dieses Etablissement am ehesten für den einsamen Genießer, der nur seine Mahlzeit einnehmen und sich ungestört in den epischen Genuss seines Halászlé vertiefen möchte. An der Wand über seinem respektvoll gebeugten Kopf hängen Netze, Reusen, allerlei Treibgut und altertümlich wirkende Anglerwerkzeuge. Die anmutig gewölbte Decke wird von einem Fresko mit aquatischen Motiven verziert, welches an das Vereinslokal des Sixtinischen Anglerklubs gemahnt. Aber

das sind reine Äußerlichkeiten: Im Horgásztanya zählt vor allem die sachkundig zubereitete Fischmahlzeit.
Praktischerweise ist das Restaurant sehr zentral gelegen, wenige Gehminuten vom Donauufer unweit der Kettenbrücke entfernt. Gastronomisch unkundige Fremdenführer mögen sagen, dass man auf der Budaer Seite einen Tag mit dem Besuch der einschlägigen Sehenswürdigkeiten verbringen kann. Von dort kann man – wenn's denn sein muss – mittags zwischendurch ins Horgásztanya einkehren und nach einer schnellen Mahlzeit bald darauf den Rundgang wieder aufnehmen. Ich sehe das eher umgekehrt und empfehle den ganztägigen Aufenthalt im Horgásztanya, wo man sich die Zeit nehmen sollte, die Menükarte genüsslich abzuarbeiten. Von dort aus darf man – wenn's denn sein muss – zwischendurch den naheliegenden Sehenswürdigkeiten einen kurzen Besuch abstatten, sodass man jederzeit schnellstens zum betörend duftenden Bogrács zurückkehren kann.
Horgásztanya, Fö utca 27, www.horgasztanyavendeglo.hu/fooldal

Andrea Bódis ist Besitzerin und Kuratorin der Három Hét-Kunstgalerie in Buda an der Bartók Béla út 37. Sie empfiehlt:

Bor és Kézműves Üzlet-Műhely-Galéria
In Buda, nicht weit von meiner Galerie entfernt, gibt es eine kleine Shop-Workshop-Galerie. Solch einen facettenreichen Ort trifft man selten. Worin seine Vielseitigkeit besteht? Im Zusammentreffen einander ferner Kulturen wie Wein und Kunst an einem Ort. Die Weingalerie wird von zwei Brüdern, einem Winzer und einem Töpfer, geführt, und dies verleiht dem Ort seine Intimität und seine Gemütlichkeit. Wenn wir ausgezeichnete ungarische Weine trinken, in kleiner Gesellschaft sprechen oder feiern wollen, verbringen wir hier immer eine gute Zeit. Das Bor és ist ein spannender Ort für Ausländer, die sich für ungarische Weine interessieren; mit Hilfe von

Andrea Bódis

Degustationen in Deutsch und Englisch werden Gäste zu einer Tour mit Wein und Snacks eingeladen.
Bartók Béla út 8, www.borkezmuves.hu

Áron G. Papp ist KMU-Wirtschaftsberater/Publizist, gebürtiger Zürcher mit ungarischen Wurzeln und erforscht Budapest seit 1976. Seine Partnerin **Judit G. Papp** ist Architektin, Kuba-Expertin und bezeichnet sich als gebürtiges Landei aus Somogy in Südwestungarn. Heute leben sie im Pilischgebirge unweit von Budapest. Sie empfehlen:

Menza
Wenn es uns nach dem mondänen Budapest für Normalverdiener gelüstet: Wahrscheinlich weltweit das bekannteste moderne Budapester Speiselokal und Kaffeehaus ist das Menza. Anspruchsvolle Küche – guter Service (mehrsprachig). Fein essen und trinken und sich in modernem Retro-Ambiente mit Freunden oder Familie wohlfühlen. Das Tagesmenü kostet 1590 Forint (weniger als fünf CHF/Euro). Umfangreiche Speise- und Weinkarte von deftig ungarischen bis zu internationalen Klassikern. Es gibt auch Vegan- und Superfood. Die Desserts nicht zu probieren, wäre eine Sünde. Unbedingt rechtzeitig book a table online – oder Geduld und Flexibilität mitbringen beim Anstehen: Es lohnt sich. Wirklich schade, dass es nicht 24 Stunden offen hat.

Áron G. und Judit G. Papp

Menza étterem és kávéház (Restaurant und Kaffeehaus), Liszt Ferenc tér 2, www.menzaetterem.hu

Fonó Budai Zeneház

Wenn uns mal wieder etwas nach back-to-the-roots ist und wir Lust auf ein bisschen körperbetontes «totyogás» (Tapsen) haben: Das Fonó, die Fabrikhalle einer ehemaligen Spinnerei im Süden von Buda unweit der City, ist der renommierte Hohe Tempel für authentische ungarische Live-Volksmusik des magyarischen Karpatenbeckens. Hier treffen sich alle Generationen zum Volkstanz. Kein Operetten- oder Touristenschmus, sondern viel Schweiß und Tränen – garantiert ungarische Volksseele. Einfache Küche wie in klassischen alternativen Spunten: Suppe, Eintopf und Ungarns Klassiker Gulyás mit Weißbrot – und immer fließt viel Alkohol. Im Winter gibt es sogar eigene Schweineschlachtung – wo in der globalen World-Music-Szene gibt es so etwas?

Sztregova utca 3, www.fono.hu

Schieszl Vendéglő és Borház

Unser Familienlokal. Original donauschwäbische Weinhaus-Gemütlichkeit seit über 120 Jahren. Gastronom Konrad Schieszl repräsentiert die fünfte Wirtegeneration. In den Lauben schwingt die lauschige Lebensart von früher. Die Renner: Schmalzbrot mit Zwiebeln, holzgeräucherter Mangalica-Schinken, Hax'n mit Meerrettich oder Markknochensuppe. Besonders edel ist die zarte Entenkeule. Der eigene Qualitätsweinbau garantiert beste Tropfen (auch über die Gasse). Der Weinkeller ist 300 Jahre alt – hier bleibt die Zeit stehen. Der modern geführte Traditionsgasthof am nördlichen Stadtrand in Budakalász ist eine Taxifahrt wert (Anfahrt auch per ÖV möglich). Ideal für Events.

Schieszl Vendéglő és Borház (Kneipe und Weinhaus), Budai út 83, www.schieszl.hu

TT LAKOTT
HNER IDA
SZ. 1895
NYILASOK
URCOLTÁK ÉS
TÉK 1945. JAN.

Von
Holocaust-
Museum bis
Judapest

An dem Ort an der Donau, rund zweihundert Meter südlich vom Parlamentsgebäude in Lipotváros, wo Péter Zwack hätte erschossen werden sollen und wo insgesamt rund dreitausend Juden 1944 und 1945 tatsächlich ermordet wurden, ist heute das berühmte Denkmal «Schuhe am Donauufer» («Cipők a Dunaparton») zu sehen.

Die Künstler Gyula Pauer und Can Togay gestalteten das 2005 eingeweihte Kunstwerk, das auf eindringliche Weise das Verbrechen veranschaulicht: Sechzig Frauen- und Männerschuhe, aus Bronze gefertigt, stehen wie zufällig abgestellt mit ihrer Spitze gegen die Donau gerichtet. Als im März 1944 – aus Ärger über die ungarische «Sabotage» an der «Endlösung» und um ein Überlaufen Ungarns zu den Alliierten zu verhindern – die Deutschen Ungarn besetzten und eine Marionettenregierung einrichteten, gewannen die ungarischen Faschisten und Antisemiten schnell die Oberhand. Waren bis dahin die Juden im Land durch antijüdische Gesetze zwar immer härter diskriminiert worden, so hatte sich Miklós Horthy als Reichsverweser bis zu diesem Zeitpunkt doch dagegen entschieden, Massendeportationen zuzulassen. Die Pfeilkreuzler unter der Führung von Ferenc Szálasi, die bei dem Putsch im Oktober 1944 durch SS-Einheiten in Budapest an die Macht kamen, griffen dann aber mörderisch durch. Noch im selben Monat trieben sie Juden aus den Häusern an die Donau, zwangen sie, sich auszuziehen, und erschossen sie. Ihre Leichen versanken im Fluss. Im Juni 1944 wurde angeordnet, dass Juden

«Schuhe am Donauufer»:
Die Schuhe werden regelmäßig von Kindern mit Süßigkeiten gefüllt

in sogenannte Sternhäuser – mit dem Davidstern gekennzeichnete Häuser –, die über die ganze Stadt verstreut waren, umziehen mussten, im November 1944 wurden die Juden in das im siebten Bezirk (Erzsébetváros) errichtete Budapester Ghetto gezwungen. Am Klauzál-Platz beschlagnahmte man ihre Wertsachen und pferchte rund 70 000 Juden auf den 0,3 Quadratkilometern des Ghettos ein; pro Zimmer mussten sich bis zu 14 Personen einquartieren.

Die Pfeilkreuzler verübten in Budapest zahllose Massaker, sie sind, schätzen Historiker, für rund 8000 Morde an Juden in Budapest verantwortlich – und insgesamt wurden in der Stadt 50 000 Juden unter dem Szálasi-Regime getötet. Die Gesamtzahl der jüdischen Opfer in Ungarn war noch viel verheerender, ja, von erschreckendem Ausmaß: Von 825 000 Juden, die damals im Land lebten, wurden über eine halbe Million umgebracht (und es wurden auch 30 000 Roma deportiert, von denen nur 4000 überlebten). Es gab aber auch mutige Menschen, die den Nazis und Pfeilkreuzlern entgegenstanden und viele Tausende Juden retten konnten, unter ihnen der schwedische Diplomat Raoul Wallenberg und der Schweizer Vizekonsul Carl Lutz.

Wenn jemand mehr über die grausamen Ereignisse der Jahre 1944/45 wissen will, verweisen wir ihn an die zahlreichen Bücher und Filme, die zu dem Thema geschrieben und produziert worden sind (eine kleine Auswahl ist im Anhang aufgelistet). Besonders bekannt und sehr eindrücklich sind die Erinnerungen von Imre Kertesz oder Gábor Hirsch, die noch beinahe Kinder waren, als sie nach Auschwitz deportiert wurden. Péter Nádas schreibt über die in seinem großen Roman *Aufleuchtende Details* auch über die Judenverfolgungen in Budapest, und Agnes Hirschi, die Stieftochter von Carl Lutz, lässt in einem Buch Zeitzeugen berichten. Es gibt zudem zwei sehr erhellende Dokumentarfilme zum Thema: *Carl Lutz – der vergessene Held* (2014) des Schweizer Filmemachers Daniel von Aarburg über Carl Lutz und *Staatenlos – Klaus Rózsa, Fotograf* (2016) von Erich Schmid, der dem bewegten Leben von Miklós Klaus Rózsa, dessen jüdische Eltern den ungarischen Holocaust überlebt haben, gewidmet ist. Ja, er ist der Fotograf und Co-Autor dieses Buches, Miklós' Name wurde in der Schweiz zu Klaus eingedeutscht, aber über die Jahre hat er seinen richtigen und ursprünglichen ungarischen Namen wieder für sich zurückerobert.

Der zentrale Bezirk Erzsébetváros, in dem sich das Ghetto befand, war mit Térezváros das Gebiet in der Hauptstadt, wo sich nach 1840, als ihnen freie Niederlassungsrechte gewährt wurden, die meisten Juden ansiedelten. Sie waren im Handel

Denkmal zum Gedenken an Carl Lutz

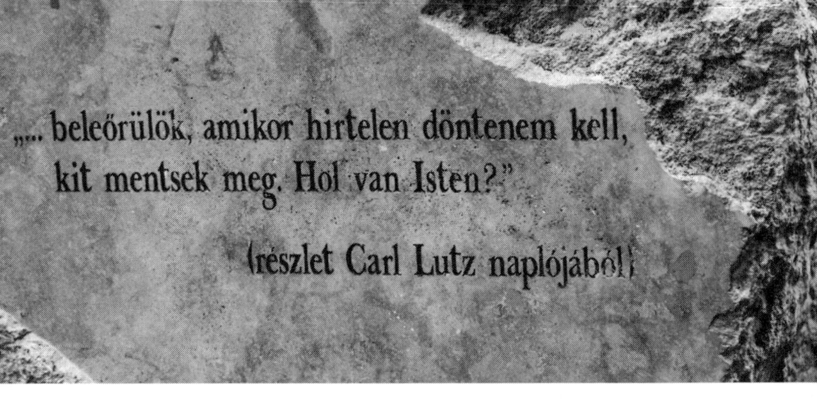

«... ich werde wahnsinnig, wenn ich entscheiden muss, wen ich retten will. Wo ist Gott?» (Carl Lutz in seinem Tagebuch)

und in der Industrie tätig, auch in der Seidenfabrikation. Die ersten Gebetsräume richteten sie aber bereits im 18. Jahrhundert im Orczy-Haus ein, das am heutigen Madách Imre tér stand; das war möglich, weil die Orczys ungarische Adelige waren, die selbst entscheiden durften, wer sich auf ihren Ländereien niederließ. Aus wirtschaftlichen Gründen luden sie Juden ein, sich im Orczy-Haus einzumieten. In dem Gebäude, das 1938 durch einen Monumentalbau mit einer Art gigantischem Triumphbogen ersetzt wurde – und vor dem auf dem Platz heute eine der vielen kitschigen Sissi-Statuen steht –, gab es auch eine öffentliche jüdische Schule, eine Mikwe (Ritualbad) und auch ein koscheres Café.

Mitte des 19. Jahrhunderts lebten rund 45 000 Juden in Budapest, die Große Dohány utca-Synagoge entstand; deren neologe (liberal-moderne) Ausrichtung war anderen Juden wieder zu assimiliert, weshalb sie ihre Synagogen bauten. Es gibt ja den jüdischen Witz, der wie alle jüdischen Witze viel Selbstironie und Humor birgt; er geht so:

Ein Schiffbrüchiger wird nach Jahren auf einer einsamen Insel entdeckt. Er zeigt seinen Rettern seine Insel. «Das ist die Synagoge, in die ich nie gehe», erklärt er und zeigt auf die eine der zwei Synagogen, die er gebaut hat.

Madách Imre tér mit Sisi-Statue

In Budapest entstanden bis 1920 zahlreiche Synagogen, in Erzsébetváros (Elisabethstadt) und Terézváros (Theresienstadt) unter anderem an der Kazinczy, Wesselényi, Vasvári Pál, Rumbach Sebestyén, Dessewffy, Hunyadi, Akácfa und István utca, dazu Synagogen in Újpest, Újlipotváros und auf der Budaer Seite, dazu zahlreiche Schulen und Gemeindezentren: neolog-reformerische, liberal-egalitäre, modern-orthodoxe, konservative, progressive, fromm-orthodoxe Chabad-Zentren oder Orte mit chassidischer Ausrichtung. Die Ende des 19. Jahrhunderts von Otto Wagner, einem der bedeutendsten österreichischen Architekten jener Zeit (er entwarf u. a. die Postsparkasse in Wien), im historistisch-orientalisierendem Stil gebaute Rumbach-Synagoge an der Rumbach utca 11–13 wurde 1944 schwer beschädigt. Sie konnte bisher nur teilweise restauriert werden und ist leider heute mehrheitlich geschlossen; gelegentlich werden in den Räumlichkeiten Ausstellungen gezeigt.

An die Verfolgung und Vernichtung eines großen Teils der jüdischen Bevölkerung von Budapest erinnern heute viele Orte in Form von Denkmälern oder Museen. Neben dem in allen Budapest-Reiseführern erwähnten «Garten der Helden» an der Ecke Dohány/Wesselényi utca, dem «Helden-Tempel» und dem Jüdischen Museum hinter der Großen Synagoge – das

Vor der Großen Dohány utca-Synagoge

an der Stelle des früheren Geburtshauses von Theodor Herzl steht – sowie dem davor eingerichteten Raoul Wallenberg-Denkmal gibt es in Budapest viele Erinnerungsstätten zu entdecken. Empfehlenswert ist das multimedial eingerichtete Schoah-Museum und Dokumentationszentrum Holocauszt Emlékközpont, in dem sich auch die 1923 errichtete Páva-Synagoge befindet, die ganz in Weiß gehalten ist, mit Goldfarbe verziert, darüber befindet sich ein herrlich hellblaues Deckengewölbe. Ein weiteres Holocaustmuseum soll am stillgelegten Jozsefváros-Bahnhof entstehen, von dem aus viele Juden von der ungarischen Polizei, die eng mit den deutschen Besetzern zusammenarbeitete, in die Todeslager deportiert wurden. Es soll «House of Fates» heißen, in Anspielung auf Imre Kertesz' *Roman eines Schicksallosen* (*Sorstalanság*, wörtlich: *Schicksallosigkeit*) – doch das Projekt ist mittlerweile sehr umstritten, weil Schoahüberlebende und viele internationale Experten befürchten, dass es im selben geschichtsrevisionistischen Geist wie das umstrittene Denkmal am Szabadság-Platz (Platz der Freiheit) kuratiert wird; dieses inszenierte Ungarn im Hinblick auf die Erinnerung an die Opfer des Zweiten Weltkriegs als (unschuldigen) Erzengel Gabriel, der von einem Adler – Deutschland – angegriffen wird. Es ist aber historisch belegt, dass die Deportationsmaschine ohne die tatkräftige Unterstützung Eichmanns durch die ungarischen Behörden niemals so reibungslos gelaufen wäre. Als das pathetisch-geschmacklose Denkmal auf dem Platz der Freiheit 2014 eingeweiht wurde, mobilisierte eine Facebook-Gruppe namens «Toleranz» eine erste Manifestation, einige hundert Menschen trafen einander regelmäßig auf dem Platz, demontierten fein säuberlich immer wieder das Baugerüst und kreierten eine eigene Gedenkstätte mit Symbolen wie Koffern, Büchern, Bildern von Deportierten, Briefen, Steinen. Eine zweite Facebook-Gruppe, «Lebendiges

Gedenkstätte am Platz der Freiheit mit u.a. Briefen der Deportierten

Denkmal», organisierte eine Art Speaker's Corner mit Diskussionen und anderen Aktionen. Bis heute existiert dieses Protest-Gegendenkmal, es wird immer wieder durch neue Gegenstände ergänzt, und gelegentlich gibt es auch heute noch Demonstrationen vor den zwei Denkmälern.

Orbán und auch unter anderen die Historikerin Maria Schmidt, die als eine seiner Vertrauten gilt, verteidigten damals das geschichtsklitternde Denkmal – und eben Schmidt ist designierte Leiterin des neuen Schoahmuseums. Die Interpretation der Vergangenheit ist, das zeigt sich an diesem Beispiel deutlich, immer auch eine politische Haltung gegenüber der Gegenwart, Geschichte ist nie ein abgeschlossener Prozess.

In diesem Sinne einfacher sind die Würdigungen der waghalsigen Retter. An Carl Lutz, dessen autoritätskritischer Mut und ziviler, oder genauer: Amts-Ungehorsam in der Schweiz noch immer viel zu wenig gewürdigt wird, erinnert nicht nur der lange nach ihm benannte Quai entlang der Donau in Újlipotváros gegenüber der Margit-Insel, sondern auch das Carl-Lutz-Gedenkzimmer im ehemaligen sogenannten «Glashaus», das Lutz als «Auswanderungs-Sektion für Palästina» diente und wo er Schutzbriefe für Juden ausstellte – viele Tausende mehr, als ihm zugestanden worden war. 1991 wurde außerdem das vom Künstler Tamás Szabó gestaltete Carl-Lutz-Denkmal nahe der Kreuzung von Dob und Rambach Sebestyén utca eingeweiht. Die Figuren, die einen am Boden liegenden Mann, dem ein Engel von oben ein rettendes Leintuch zuwirft, darstellen – eine Allegorie für die Rettung –, sind an der ehemaligen Außenwand des Ghettos angebracht. Ein anderes, konventionelleres Denkmal für Carl Lutz, das in einem aufgeschlagenen Buch sein Porträt und eine Beschreibung seiner Rettungsaktionen zeigt, steht auf dem Platz der Freiheit.

Wieder eine andere Einrichtung zum Gedächtnis an die Getöteten sind die in Budapest beinahe allgegenwärtigen sogenannten «Stolpersteine» – Gedenktafeln aus Messing mit den

«Hier wohnte Dr. Zoltán István, geb. 1899. Deportiert am 20. Oktober 1944 nach Mauthausen. Ermordet im April 1945»: einer der vielen Stolpersteine

eingravierten Namen der von Ort und Stelle Deportierten –, die man beispielsweise in der Rumbach-Straße (auf dem Boden vor dem Haus Nummer 7) oder etwa auch an der Andrássy út vor dem Eingang des Hotels Callas neben dem Opernhaus entdecken kann.

Ein besonders berührendes Erinnerungskunstwerk, aber nicht einfach zu finden, wurde auf dem Gelände der Eötvös Loránd-Universität (ELTE)/Abteilung Geisteswissenschaften 2014 eingerichtet. Ein nur von Nahem erst erkennbares Bronzeband zwischen den Backsteinen der Gebäudefassaden führt die jüdischen Dozierenden und Studierenden der Universität auf, die in der Schoah ermordet wurden. Um alle ihre Namen lesen zu können, muss man sich am Anfang des Bandes recken, aber nach und nach mit fortlaufendem Lesen der Namen immer mehr bücken: ein einfacher, aber kluger Einfall, um die Begegnung mit den Opfern zu einer intimen und physischen Erfahrung zu machen.

An der Dohány utca wiederum, neben dem Kóser Piac, einem Koscher-Laden, und dem jüdischen Zentrum Bét Menachem mit Kindergarten und Schule wurde ebenfalls 2014, zum siebzigsten Jahresgedenktag des Holocausts, eine Erinnerungsmauer aus unbehandelten Stahlplatten angebracht, auf der die Umrisse des Ghettos zu sehen sind: eine abends von innen beleuchtete Reliefkarte, die Gucklöcher auf ausgewählte jüdische Orte wie Synagogen, das verschwundene Orczy-Haus oder das Carmel-Restaurant enthält. Daneben findet man unter anderem eine Chronik der historischen Ereignisse und der Renaissance der jüdischen Kultur in Budapest im späten 20. Jahrhundert. Wenige Straßenzüge weiter kann man im zweiten Hinterhof des baufälligen Hauses an der Király utca 15 eine einfache Steinmauer entdecken, einen letzten Rest der alten Ghettomauer. Das Budapester Ghetto wurde nicht mit einer Umzäunung, sondern mehrheitlich entlang von Brand- und alten Hofmauern abgegrenzt, die verstärkt, erhöht und mit Stacheldraht versehen wurden. An dem Mauerstück im zweiten Hinterhof der Király utca 15 ist auf einem Schild eine Karte verzeichnet, mithilfe derer man den Verlauf der Ghettomauer nachvollziehen kann. Hier, in diesem auch mittlerweile sehr baufälligen Häuserviereck und an dieser Mauer, erhält man noch einen der letzten in dem Sinne unveränderten Eindrücke von der trostlosen Stimmung des Ghettos.

Draußen an der Straße steht der Zugang zu diesem Ort, ein unscheinbares Tor, seit einigen Jahren durch ein Stützbaugerüst noch mehr verdeckt, meist offen; sollte es aber doch einmal geschlossen sein, darf man bei einem Anwohner klingeln, und er oder sie lässt einen herein. Denn es gibt die Auflage, dass man die Mauer jederzeit (tagsüber) besichtigen darf, sie ist ein öffentliches Denkmal.

Das Gedenk-Namensband zwischen den Backsteinen der Gebäude auf dem ELTE-Campus

Der letzte noch erhaltene Teil der alten Ghettomauer

Im Gegensatz zu anderen europäischen Städten ist die jüdische Kultur in Budapest aber auch in der Gegenwart lebendig – und findet nicht in einer unsichtbaren Nische statt. Heute weist Budapest die größte jüdische Gemeinschaft in ganz Mitteleuropa auf. «Where Jewish Culture is Mainstream» titelte Anfang 2019 die New York Jewish Week. In Budapest lebt die überwiegende Mehrheit der ungarischen Juden; heute sind es über 100 000 Menschen jüdischer Abstammung, dazu besuchen viele Israeli die Stadt, und nicht selten werden aus den Besuchen längere Aufenthalte. In Budapest gibt es mehr als 25 Synagogen beziehungsweise Gebetshäuser, zwei Hochschulen (darunter das älteste, weiterhin existierende Rabbinerseminar), drei Mittelschulen, fünf Kindergärten, ein Krankenhaus, zwei Altersheime und mehrere Friedhöfe. Natürlich beeinflusst diese starke jüdische Präsenz das kulturelle Leben der Stadt. Die Dohány-Synagoge ist eine Touristenattraktion, aber auch das Herz einer der vielen jüdischen Gemeinden in Budapest, wo unter anderem regelmäßig öffentliche Konzerte stattfinden (auch Franz Liszt spielte hier einst). Was heute gemeinhin als das «Jüdische Viertel» bezeichnet wird, Erzsébetváros (und meist ist auch ein Teil von Terezváros mitgemeint), ist, wie wir schon gezeigt haben, nur eines von mehreren Gebieten, in denen Synagogen stehen. Oder jüdische Restaurants, Kulturorte und jüdische Einrichtungen. Es gibt koschere Restaurants wie das Hanna an der Dob utca im Innenhof der Kazinczy-Straße-Synagoge, in dem man relativ preisgünstig ungarisch-jüdische Old-Style-Küche kosten kann – die Befolgung der strikten Glatt-Koscher-Vorschriften wird von Rabbis aus Bnei Brak geprüft. Das andere ebenfalls glatt-koschere, etwas teurere und elegantere Restaurant im Quartier ist das Carmel an der Kazinczy utca, wo man von Chraime (weißer Fisch und Gemüse in scharfer Tomatensauce), Kreplach (gefüllte Teigtaschen) und Tscholent (Eintopf) über Pörkölt bis Flódni (Apfel-Mohn-Walnuss-Kuchen) viel Auswahl hat. An der Síp utca gibt es ein milchiges Kosher Deli: ein Shop und gleichzeitig ein Restaurant, wo man Pizzen oder koschere Schomlauer Nockerl essen kann. Und im koscheren Café Tel Aviv, sozusagen wieder um die Ecke, erhält man neben Hummusgerichten, Salaten oder Taboulé auch Sandwiches, Pizzen und Pasta oder Shakshuka, Malawach (frittiertes Blätterteigbrot) mit Eiern, Tomaten und Gemüse oder israelisches Frühstück (Eier in Form von Omelette, Rühr- oder Spiegelei, Brot, Gemüse, Kaffee oder Saft). Sodann gibt es in Budapest eine ganze Reihe jüdischer Restaurants – jüdisch aufgrund der angebotenen Essenskultur und meistens auch mit jüdischen Besitzern/Betreibern –, darunter die Hummus Bar-Kette mit zwölf Ablegern in Pest und einem in Buda, wo typisch orientalisch- beziehungsweise mediterran-jüdisches Essen wie verschiedene Shakshukas, Hummusgerichte, Falafel, Salate oder Malabi-Milchpudding angeboten werden. In einem ähnlichen Setting findet man sich auch im trendigen israelischen Restaurant TLV Eatery wieder, wo unter anderem Baba Ghanoush, Mejadra oder Falafel auf der Speisekarte stehen. Im gerade sehr hippen, schick eingerichteten Ruinen-Restaurant Mazel Tov, vor dem sich oft längere Schlangen bilden, wird Israeli-Fushion-Küche serviert, mit unter anderem Pita-Sandwiches, Shawarma und Merguez-Wurst oder orientalischen Salaten und es gibt «Jewito Drinks»

Das Ruinen-Restaurant Mazel Tov

oder «Jewish Punch»; für Shakshuka-Liebhaber werden gelegentlich Shakshuka-Clubabende veranstaltet, und man kann hier öfter «Tel Aviv Nights», Jazz- und andere Konzerte erleben. Im «Jüdischen Viertel» Budapests wimmelt es also nur so von jüdischen Esslokalen, es gibt eine große Diversität – wie in keiner anderen Stadt Europas.

Wir empfehlen das bereits im letzten Kapitel erwähnte Macesz Bistro, dessen Matzeknödelsuppe berühmt ist und wo man in einem Vintage-Interieur voller Spiegel und Servierplatten an den Wänden insbesondere osteuropäisch-jüdische beziehungsweise ungarische Gerichte, zum Beispiel geröstete Gänseleber, bestellen kann. In dieser Reihe dürfen auf keinen Fall die jüdischen Restaurants Fülemüle und Rosenstein fehlen, die beide in Józsefváros liegen. Das Fülemüle wird von der Singer-Familie geführt und amalgiert «jüdische Großmutter-Rezepte» mit moderner Kulinarik (vgl. den Restauranttipp am Ende dieses Kapitels). Das Restaurant der Familie Rosenstein wiederum ist ein gediegener Ort, wo ungarische und internationale Küche mit starkem jüdischem Einschlag gepflegt wird: kein Geheimtipp, aber ein exquisiter Genuss! Die Rosensteins verkaufen hier unter anderem auch ihren eigenen Pálinka, Hauswein oder selbstgemachten Kirschen-Pflaumensirup. Eine koschere Cukrászda darf natürlich nicht fehlen in all dem Überfluss: Die bereits seit 1953 existierende Konditorei Frőhlich, wo sich auch viele Stammkunden die Klinke in die Hand geben, produziert neben traditionellen Kuchen auch all das Gebäck und die Süßigkeiten wie Hamam-Taschen oder Sufganiot für die jüdischen Feiertagen. Und im Café Noé, in dem die essbaren Kunstwerke des Raj Ráchel Tortaszalon zu finden sind, kann man unter anderem köstlichen Flódni essen (vgl. ebenfalls die Empfehlung am Ende dieses Kapitels). Miklós liebt aber auch den Flódni, wie er im bereits vorgestellten Kőleves an der Kazinczy utca aufgetischt wird.

Auch öffentliche, auf jüdische Kultur ausgerichtete Kulturorte gibt es in Budapest mehr als in allen anderen europäischen Städten. Wir können hier nur eine kleine Auswahl nennen. Im Spinoza-Haus, benannt nach dem jüdischen Philosophen in den Niederlanden des 17. Jahrhunderts, gleich gegenüber vom Dob utca-Eingang zum Gozsdu Udvar, befindet sich ein kleines Theater mit Restaurant, und hier finden auch Konzerte – meistens freitags Klezmer – sowie das Spinoza Zsidó Festival, ein kleines jüdisches Festival, statt. Das Klauzál13 am Klauzál tér wiederum wartet mit einem vielfältigen Buchladen (Judentum ist einer der Schwerpunkte des Sortiments), einem Veranstaltungsprogramm und einer Galerie, wo zeitgenössische ungarische Kunst gezeigt wird, auf. Ebenfalls am geschichtsträchtigen Klauzál tér befand sich auch das preiswerte Kádár Restaurant mit jüdischer Hausmannskost – es sieht aber

Im Macesz Bistro

leider ganz so aus, als ob es nicht mehr geöffnet würde. Wer ein ähnlich einfaches, preiswertes, typisch ungarisches Restaurant sucht, dem empfehlen wir das Kék Rózsa étterem (Blaue Rose) zwei Häuserblocks weiter an der Wessélenyi utca.

In Erzsébetváros steht zudem das 1994 ins Leben gerufene Bálint-Haus, das eine wichtige Position im jüdischen Kulturleben einnimmt. In ihm befinden sich mehrere Räume und Säle, in denen kulturelle Anlässe wie Theateraufführungen, Tanzabende, Diskussionen oder Sitzungen abgehalten werden; zu Gast war hier unter anderem auch schon die Budapest Pride.

In Budapest existiert eine Vielzahl von kleinen Theatern, von denen nicht wenige ein Programm zeigen, das sich mit jüdischen Stoffen auseinandersetzt. Eine besondere Stellung in dieser reichen Landschaft nimmt das Gólem-Theater ein. Gegründet wurde Gólem, eine professionelle, explizit jüdische Theaterkompagnie, 2005 von András Borgula, der nach dem Besuch des Madách-Gymnasiums in Budapest mehrere Jahre in Israel lebte und Schauspiel und Regie an der Tel Aviv Universität studierte; er ist auch heute noch der künstlerische Direktor der Gruppe, die lange kein eigenes, festes Haus besaß. «Ich meine», sagt Borgula, «heute ist die Vorstellung überwunden, dass in einem jüdischen Theater Juden mit Juden jüdisch über jüdische Angelegenheiten sprechen.» Das Gólem produziert mehrere Inszenierungen pro Jahr, darunter bitterböse, humorvolle, intelligente Komödien über das Jüdischsein heute oder auch ungewöhnliche Geschichtsstunden für Schülerinnen und Schüler, und organisiert jedes zweite Jahr das internationale Jüdische Theater-Festival mit Einladungen an jüdische Theatergruppen aus der ganzen Welt. Ende 2020 soll das Gólem nun nach vielen Jahren endlich in einem festen Zuhause ankommen, an der Csányi utca im siebten Bezirk, in einem Haus, wo sich früher eine Bäckerei befand. An derselben Straße, gleich im Nachbarhaus, befindet sich bereits das Erzsébetvárosi Zsidó Történeti Tár, ein jüdisches Museum und historisches Archiv, das die Geschichte der Bewohner von Elisabethstadt dokumentiert und jüdische Kultur in Form von Ausstellungen und Veranstaltungen thematisiert.

Ebenfalls 2020 hat im dreizehnten Bezirk (Újlipotváros), am Ufer der Donau nahe der Margit híd, das jüdische Zentrum Zsilip in einem der stolzen Jugendstil-Palatinus-Häuser seine Eröffnung gefeiert; in ihm befinden sich eine Synagoge, eine koschere Konditorei, Räume für Musik- und Theateraufführungen oder auch Kinderprogramme. Der dreizehnte Bezirk Budapests ist wie Erzsébetváros überhaupt ein traditionell jüdisches Viertel. Als sich die Stadt um 1900 immer weiter über den Nagymező körút hinaus entwickelte, ließen sich viele jüdische Familien in Újlipotváros nieder. Ein erheblicher Teil der Häuser hier wurde von jüdischen Bauherren errichtet – und der Anteil der jüdischen Bevölkerung ist auch heute noch vergleichsweise hoch.

In Budapest werden übers Jahr mehrere kleinere und größere jüdische Festivals veranstaltet. Das bedeutendste ist heute das Zsidó Kulturális Fesztivál, das Jüdische Kulturfestival, das im Herbst vornehmlich in Synagogen, aber auch anderen Orten stattfindet, mit vielen Konzerten von Opernmusik bis Klezmer, Buchvorstellungen, Lesungen und Ausstellungen. Sodann gibt es das Judafest Cultural and Gastro Festival in der Kazinczy Straße und Umgebung mit Konzerten, Aufführungen, Performances und einem bunten Straßenmarkt; hier präsentieren sich jüdische Organisationen, es gibt Dutzende von Ess- und Getränke-Ständen, jüdische Jugendliche spielen mit nicht-jüdischen Tischfußball.

Wieder ein anderes Festival ist das Tscholent-Festival im August, das ebenfalls in der Kazinczy utca stattfindet. Verschiedene Zubereitungsarten des jüdischen Traditions-Eintopfs, zu dessen Grundbestandteilen Fleisch, Bohnen, Kartoffeln und Gerste gehören, bilden den Kern dieses Fests, aber es können auch andere jüdische Spezialitäten gekostet werden. Außerdem gibt es hier einmal mehr Klezmer-Musik zu hören, man kann

Konzert am Judafest

erfahren, was koscher kochen bedeutet, ein Rabbi stellt sich den Fragen der Passanten, für Kinder wird ein eigenes Programm organisiert. Und die jüdischen Kunst-Tage, die Zsidó Művészeti Napok (ZsiMü) mit Anlässen, die über mehrere Monate und Orte in Buda und Pest – unter anderem das Puschkin-Kino, das Capa-Museum (vgl. Kap. 6), den Budapester Jazzclub, das MOM-Kulturhaus, das Bethlen Platz-Theater, die Solti-Musikhalle und viele andere mehr – verteilt sind, bietet hochwertige musikalische und andere Darbietungen.

Judentum wird, anders als sonst in Europa, in Budapest wieder und noch offensiv gelebt. Die jüdischen Gemeinschaften verschanzen sich hier nicht in den eigenen Räumlichkeiten, sondern wollen, dürfen und können sich in der Öffentlichkeit zeigen. Eine Erfahrung, die in Europa und auch an vielen Orten anderswo in der Welt recht oder sogar ganz unbekannt ist – und vielenorts auch schon wieder nicht mehr möglich ist und auch nicht gewagt werden will. Wie kann beispielsweise in Deutschland, wo in Berlin Menschen, die Kippa tragen, im öffentlichen Raum nicht nur bedroht, sondern auch physisch attackiert werden, und eine Synagoge mit Sprengsätzen und Schusswaffen angegriffen wird, ein jüdisches Festival mit Ständen in den Straßen durchgeführt werden? Synagogen und jüdische Einrichtungen erkennt man in Deutschland und Frankreich, aber auch in England, Österreich und der Schweiz daran, dass sie mit Überwachungskameras und Wachpersonal beziehungsweise Polizei oder gar Militär geschützt werden müssen. Leider gibt es auch in Ungarn durchaus Antisemiten: Jüdische Grabsteine wurden und werden auch in Ungarn geschändet, Juden auf der Straße angepöbelt. Manche ungarischen Juden tragen sich deswegen mit Gedanken an Auswanderung. Doch es gibt auch die umgekehrte Bewegung: Die Mehrheit der Juden, die nach 1989 ausgewandert sind, ist wieder zurückgekehrt. Der Dachverband der ungarischen jüdischen Gemeinden kritisiert dennoch zu Recht, dass die Regierung Orbán zu wenig gegen den immer mehr aufkeimenden Antisemitismus unternehme. Doch der Antisemitismus in Ungarn hat bis heute längst nicht das Ausmaß wie unter anderem in Deutschland erreicht. Wir hoffen, dass in Budapest noch viele jüdische Feste und Festivals ohne Polizeischutz und in der Öffentlichkeit gefeiert werden können.

Am Judafest: «Frag den Rabbi»

In Erzébetváros gibt es den kleinen, hübsch eingerichteten Laden Judapest; er bietet Judaica in modernem Design: Kippot, Schabbeskerzenhalter, Menoras, Pessachplatten und Chanukkia-Kerzenständer, Mesusot, aber auch Schmuck, Taschen, Socken oder Tassen. Heute ist das ein Ort, der sich in ziemlich gutem Einklang mit der Realität befindet. Wenn aber die Juden dennoch eines Tages Ungarn verlassen, wie es seit Jahren unter anderem in Frankreich geschieht, wäre Budapest um eine Vielzahl kultureller Orte ärmer. Und der Judapest-Laden wäre wohl ein trauriger Souvenirshop. Seit einigen Jahren aber wächst die jüdische Bevölkerung in Budapest. Und ein Zeichen gegen Rassismus und Antisemitismus setzen die beeindruckenden Demonstrationen gegen Antisemitismus unter anderem auf dem Kossuth-Platz vor dem Parlament und der Élet Menete-Marsch in Budapest für Toleranz und gegen Antisemitismus, Ausgrenzung und Vorurteile, der seit 2004 regelmäßig stattfindet, mit jeweils weit über zehntausend Teilnehmenden – damit die größte Demonstration dieser Art in ganz Europa.

Jüdisches Museum
Dohány utca 2
www.milev.hu

Holocauszt Emlékközpont
Schoah-Memorial-Center
Páva utca 39
www.hdke.hu

Carl-Lutz-Gedenkzimmer
im ehemaligen «Glashaus»
Vadász utca 29
www.uveghaz.org

Élet Menete in Budapest für Toleranz und gegen Antisemitismus

Zum Projekt Stolpersteine
des Künstlers Günter Demnig
vgl.: www.stolpersteine.eu

Schoah-Denkmal auf dem ELTE-Campus
Múzeum körút 4/a
(am besten beim Pförtner fragen; je nachdem muss man einen Campusseiteneingang nehmen, wenn der Haupteingang geschlossen ist)

Ghetto Memorial Wall
Dohány utca 34
www.zsido.com/gettofal

Kóser Piac
Dohány utca 36
www.koser-piac.hu
www.facebook.com/koserpiac

Restaurant Hanna
Dob utca 35
www.koserhanna.hu

Restaurant Carmel
Kazinczy utca 31
www.carmel.hu

Kosher Deli Budapest
Síp utca 12
www.kosherdelibudapest.hu

Café Tel Aviv
Kazinczy utca 28
www.facebook.com/Cafe.Tel.Aviv.Budapest

Wir empfehlen zudem allen, die koschere Restaurants o. ä. in Budapest oder weltweit suchen, die Website www.kosherwithoutborders.com

Hummus Bar
Filialen u. a. an der Kecskeméti utca, der Király 8 oder der Wesselényi 14
www.hummusbar.hu

Mazel Tov
Akácfa utca 47
www.mazeltov.hu
www.facebook.com/MazelTov

TLV Eatery
Dob utca 19
www.facebook.com/TLVeatery

Im Fülemüle-Restaurant

Macesz Bistro
Dob utca 26 (Ecke Dob/Kazinczy utca)
www.maceszbistro.hu
www.facebook.com/maceszhuszar

Restaurant Fülemüle
Kőfaragó utca 5
www.facebook.com/fulemule

Restaurant Rosenstein
Mosonyi utca 3
www.rosenstein.hu

Frőhlich Konditorei
Dob utca 22
www.frohlich.hu
www.facebook.com/frohlich.cukraszda

Spinoza Szinház (Spinoza-Haus)
Dob utca 15
www.spinozahaz.hu

Klauzál13
Klauzál tér 13
www.klauzal13.hu

Kék Rózsa étterem / Restaurant Blaue Rose
Wessélenyi utca 9
www.kekrozsaetteerem.hu

Bálint Ház / Bálint-Haus
Révay utca 16
www.balinthaz.hu

Gólem Szinház (Theater)
www.golemszinhaz.hu
www.facebook.com/golemtheater
Aufführungen bisher u. a. im Jurányi ház (Jurányi utca 1) oder im Haszín Teátrum (Jókai utca 6)
Das Gólem-Zentrum (Gólem-Theater und Center of Jewish Performing Arts) ist Mitte September 2020 in Erzébetváros an der Csányi utca 3 eröffnet worden.

Erzsébetvárosi Zsidó Történeti Tár / Jüdisches Museum (und historisches Archiv) Elisabethstadt
Csányi utca 5
www.erszitt.hu, www.facebook.com/erzsitt

Zsilip Zentrum
Újpest rakpart 1
www.zsilip13.hu

Judafest in Erzébetváros
(jeweils Juni)
Kazinczy utca und Umgebung
www.judafest.org

Das Logo des Judapest-Ladens

Zsidó Kulturális Fesztivál / Jüdisches Kulturfestival (jeweils ca. Aug./Sept.)

Konzerte u. a. an diversen Orten in Erzsébetváros (unter anderem in Synagogen, in der Goldmark-Halle, im Bálint-Haus, im Uránia-Kino)

www.zsidokulturalisfesztival.hu

www.facebook.com/zsidokulturalisfesztival

Solet Fesztival / Tscholent-Festival

Kazinczy utca

www.soletfesztival.hu

Zsidó Művészeti Napok (ZsiMü) / Jüdische Kunst-Tage (ca. Okt.-Mai)

an diversen Orten in Buda und Pest

www.zsidomuveszetinapok.hu

Judapest Laden

Wesselényi utca 14

www.facebook.com/judapest

www.facebook.com/judapeststore

Élet Menete

Kontakt: Hegedűs Gyula utca 8

www.eletmenete.hu

Restaurantempfehlungen 5

Anne-Marie Kenessey, Jahrgang 1973, lebt als Autorin und Übersetzerin aus dem Ungarischen in Zürich und besucht Budapest sehr oft. Sie empfiehlt:

SonkaArcok, Küche & Bar
Die «Schinkengesichter» am gemütlichen Universitätsplatz (Egyetem tér) mit Blick auf das imposante Gebäude der juristischen Fakultät der ELTE sind ein idealer Ort für ein Mittagessen oder einen Zwischenimbiss beim Bummel durch die Innenstadt. Für Liebhaber von Fleisch und deftiger Kost.
Kecskeméti utca 2, Egyetem tér, www.sonkaarcok.hu

Pozsonyi Kisvendéglő
Sympathisches, preiswertes Familienrestaurant mit rustikaler Einrichtung und typisch ungarischer Küche. Empfehlenswert sind die Grießnockerlsuppe, Matzeknödelsuppe, das Rindfleisch nach Jäger Art (Vadasmarha) und die Süßspeise Topfenknödel.
Radnóti Miklós utca 38/Ecke Pozsonyi út, www.hovamenjek.hu/budapest-xiii-kerulet/pozsonyi-kisvendeglo1 (und Facebook)

Fülemüle Étterem
Etwas abseits der Hauptstraßen findet sich in der Josefstadt dieses gediegene, kleine ungarisch-jüdische Restaurant für Feinschmecker, das gerne auch Gruppen empfängt und bewirtet. Die Karte mit leckeren Speisen ist lang, eine Besonderheit darauf sind die Tscholent-Eintopfgerichte (ungarisch: Sólet).
Kőfaragó utca 5, www.fulemule.hu

Három Holló Kávéház
Das geräumige Kaffeehaus zum Verweilen liegt mitten in der Innenstadt zwischen der berühmten Einkaufsmeile Váci Straße

Anne-Marie Kenessey

und der Elisabethenbrücke. Das Lokal ist auch ein kultureller und literarischer Begegnungsort. Es lohnt sich, das Veranstaltungsprogramm zu beachten (im Keller gibt es einen großen Saal); oft finden auch Anlässe in deutscher Sprache statt.
Három Holló Kávéház / Kaffeehaus Drei Raben, Piarista köz 1/ Eingang Szabadsajtó út, www.harombollo.hu

Café Noé / Raj Ráchel Tortaszalon
Wer das jüdische Viertel erkundet, sollte sich zur Stärkung ein Stück Torte im Café Noé gönnen. Die Spezialität des Hauses ist der Flódni, der ungarisch-jüdische Zwetschgenmus-Walnuss-Apfel-Mohn-Kuchen.
Wesselényi utca 13, www.torta.hu

Von Capa bis Müpa

«Es ist nicht genug, talentiert zu sein – du musst auch Ungar sein», soll Robert Capa einmal gesagt haben. Der Fotograf, dessen ikonografische Fotografie eines fallenden Soldaten im Spanischen Bürgerkrieg (es gibt Aussagen, dass es sich dabei um eine nachgestellte Szene handle) weltberühmt wurde, hieß eigentlich Endre Ernő Friedmann und war, wie nun wohl auch diejenigen unter unseren Leserinnen und Lesern, die das bisher nicht wussten, ahnen, selbst ein Ungar. Und irgendwie hatte er ja Recht, denn auch die international bekannten Fotografen André Kertész, Gyula Pap, Brassaï oder László Moholy-Nagy sind Ungarn. Der 1913 in Budapest geborene Capa, der auch lange in Berlin und in den USA lebte und die legendäre Magnum-Agentur mitbegründete, ist als Kriegsreporter bekannt, aber mehr noch als Kriegsszenen fing er die Not der einfachen Bevölkerung ein. «Wenn deine Bilder nicht gut genug sind, warst du nicht nah genug dran.» Dieser Satz von ihm beeindruckte viele Fotografen – und so auch den jungen Miklós Klaus Rózsa, für den Capa, ebenfalls Ungar, Jude und ein Draufgänger, ein Vorbild war.

2013, zum hundertsten Geburtsjahr Capas, wurde in Budapest das Capa-Fotografiezentrum eröffnet, um den Sohn der Stadt zu ehren. In dem Haus werden neben Capa-Werkschauen viele nationale und internationale Ausstellungen zeitgenössischer Fotografinnen und Fotografen gezeigt, und es gibt ein vielseitiges Begleitprogramm mit Workshops, Filmvorführungen, Podien und interdisziplinären Veranstaltungen.

Blitzschach-Partie beim Straßen-Buchhändler

Unweit vom Capa-Zentrum an derselben Straße finden an Fotografie Interessierte einen zweiten Ort, der sich dieser Kunstform widmet: das Mai Manó-Haus für Fotografie.

Hinter der Neurenaissancefassade des Hauses, das 1894 im Auftrag des ungarischen Fotografen Mai Manó (1855–1917) erbaut wurde, kann man ein kleines architektonisches Juwel – Fresken, Stuck, Buntglasfenster und schmiedeeiserne Treppengeländer – mit schön renovierten Ausstellungsräumen, einem einst als Tageslichtfotostudio genutzten Raum mit Landschaftsprospektwänden (!) und einem gut sortierten Buchladen entdecken. In dem Haus des Hoffotografen, dessen Porträts von Kindern der besseren Gesellschaft sehr bekannt geworden sind, zeigt die Leitung des Hauses heute Wechselausstellungen mit Werken ungarischer und ausländischer Fotografen. Das Capa- und das Mai Manó-Museum befinden sich mitten im sogenannten Theaterviertel, an der Nagymező utca (Großes Feld-Straße), die sich von der Bajcsy-Zsilinsky bis zur Podmaniczky utca erstreckt und von Zsolt Kulcsár in diesem Buch auch schon als «Broadway» betitelt worden ist. Viele Budapester nennen die einen Kilometer kurze Meile der Darstellenden Kunst liebevoll so. Das große-kleine Feld dieser Straße ist auch ein Walk of Fame, denn vor dem Operettentheater gegenüber vom Mai Manó-Haus sind in Platten die Fußabdrücke ungarischer Theater- oder Filmkünstlerinnen und -künstler verewigt, darunter die von Schauspieler und Produzent András Kern oder die der Sängerin Andrea Rost. Daneben sitzt Imre (Emmerich) Kálmán, der Komponist von u. a. *Die Csárdásfürstin*, in Bronze gegossen ganz entspannt auf einer Bank – und viele setzen sich gerne neben ihn und lassen sich mit ihm fotografieren. Einst musste der jüdische Künstler aber fliehen; es gelang ihm, 1938 von Wien über Zürich und Paris in die USA einzureisen. Vor dem Haus Nr. 11 befindet sich außerdem eine Statue des ungarisch-jüdischen Dichters Miklós Radnóti (geb. Glatter), der 1944 auf einem Todesmarsch nahe Győr ermordet wurde. Das nach ihm benannte Radnóti-Theater führt Stücke von internationalen Autoren wie Bernard Shaw, aber auch Feridun Zaimoglu, Nick Payne, Martin McDonagh oder ungarischen Autoren wie János und István Mohácsi auf – der Fokus liegt auf literarisch anspruchsvollen Texten.

Das Komédiás Kávéház neben dem Mai Manó-Haus, in das wir nach einem Besuch einer Fotografieausstellung sehr gerne einkehren, ist, wie sein Name unschwer erraten lässt, ein Theatercafé; es liegt neben dem Eingang des Thália Theaters und zehrt nicht nur in Form einer Bildergalerie von einer einstigen Präsenz von Schauspielerinnen und Schauspielern, nein, diese besuchen auch heute weiterhin das kleine Café, in dem man in intimer Atmosphäre unter anderem eine schmackhafte Gulaschsuppe oder Palacsinta verspeisen kann.

Oft spielt abends ein Pianist mit klassischen Barmelodien auf. Und unmittelbar neben dem Eingang des Mai Manó-Museums befindet sich das Mai Manó-Café: eine kleine Bar mit marokkanischem Dekor, wo man frühstücken oder brunchen, einfach Kaffee trinken und unter anderem Antipasti-Häppchen essen

Müvész Café und Konditorei

kann. Wer gerade keinen Platz im Mai Manó-Café oder im Komédiás – die beide im Sommer eine kleine Terrasse auf die Straße hin einrichten – findet, dem empfehlen wir das Művész-Café an der Andrássy utca – ein (tendenziell ehemaliges) Künstlercafé im neobarocken Stil – oder auch das großmütterlich eingerichtete Café Zsivágó, und wenn es mehr sein soll, das bereits (nach Kap. 4 vorgestellte) Menza – unser persönliches Lieblingsrestaurant –, das Kiadó Kocsma (vgl. Restauranttipp nach Kap. 2) oder die nur fünf Minuten Fußweg entfernte unprätentiöse Weinbar Kadarka an der Király utca, wo auch warme Speisen wie Csirkepaprikás (Hühnerpaprika) oder Mangalica-Filet angeboten werden.

Das Radnóti, das Operettentheater, das Thália Nagymező-Straße sind übrigens nur drei von über achtzig großen und kleineren Theatern in Budapest (und mindestens fünf von ihnen bieten auch Aufführungen auf Englisch beziehungsweise mit englischen Untertiteln: neben dem Radnóti- das Madách-, Erkel-, Trafó- und das Nationaltheater). Einen Katzensprung von ihnen entfernt befindet sich an der Andrássy út das Opernhaus, leider noch immer in Renovation begriffen – seit nunmehr drei Jahren; ursprünglich waren neun Monate Umbauzeit vorgesehen gewesen. Wenn sie denn endlich wieder ihre Tore öffnen wird, aber sicher nicht vor Ende 2021, wird man die

Ungarische Staatsoper, die eines der prächtigsten Gebäude des Landes ist, wieder im Zusammenhang mit dem Besuch einer Aufführung besichtigen können. Von Franz Joseph I. in Auftrag gegeben, wurde das Haus in neun Jahren Bauzeit nach den Plänen des Architekten Miklós Ybl 1884 als Ungarisches Königliches Opernhaus eröffnet. Das Gebäude musste aus Prestigegründen (der Österreicher) kleiner gehalten werden als die ältere Schwester, das Kaiserlich und Königliche Hof-Operntheater, die heutige Wiener Staatsoper; der Wettkampf wurde in der Doppelmonarchie oftmals auf kultureller Ebene ausgetragen. Die ursprünglichen Pläne des Budapester Hauses wurden reduziert, was bewirkte, dass wunderbar kompakte Räume entstanden: ein wahrer Schmuckkasten, der stärker und festlicher wirkt als größere Häuser. Etwa zur gleichen Zeit und in ähnlichem Stil sind die Alte Oper in Frankfurt und die (zweite, nachdem die erste abgebrannt war) Semperoper in Dresden entstanden. Im Gegensatz zu Wien, Frankfurt und Dresden wurde das Opernhaus Budapest im Zweiten Weltkrieg jedoch nicht zerstört, sodass bereits wenige Wochen nach der Befreiung der Stadt wieder gespielt wurde – im März 1945, als die Front noch quer durch Westungarn verlief. Auf halbem Weg zwischen der Kleinen und der Großen Ringstraße gelegen, nimmt das Opernhaus den vorherrschenden Stil dieses Abschnitts der Andrássy-Avenue auf: der bereits erwähnten Neorenaissance in der Nagymező utca. Die Staatsoper überragt aber mit ihren fünfzig Metern Höhe die meist vierstöckigen Häuser der Umgebung deutlich. Die Technik des Gebäudes war übrigens, wie uns ein Kenner der Geschichte dieser Oper erzählt hat, für die damalige Zeit revolutionär. Das Haus wurde mit Luft gekühlt, die von der ein Kilometer entfernten Donau unterirdisch zugeführt wurde. Bis zum Umbau in den 1980er-Jahren roch es deshalb im Zuschauerraum manchmal nach Flusswasser. Unter der Bühne lag ein System von Messingröhren, die mihilfe von Wasserdampf Teile der

In der Weinbar Kadarka

Bühne mit erstaunlicher Geschmeidigkeit heben und senken konnte. Musikalisch wurde die Budapester Oper durch die Chefdirigenten Ferenc Erkel, Gustav Mahler, Sergio Failoni, Otto Klemperer und János Ferencsik geprägt.

Geht man die Andrássy út von der Oper nach Nordosten, kommt man am imposanten Eingang des ehemaligen Kasinos von Terézváros an Nummer 39 vorbei, wo sich einst das Parisi Nagy Áruház (Großes Pariser Warenhaus) befand. Der prachtvolle Lotz-Ballsaal im ersten Obergeschoss ist leider, nachdem er 2019 nach langem Dornröschenschlaf wieder geöffnet wurde, zurzeit erneut geschlossen und nicht zugänglich. Das wundert uns mitnichten, nachdem wir uns bei einem Besuch über den unfreundlichen und von A bis Z schlechten Service und zu hohe Preise des hier eingemieteten BookCafés so sehr ärgern mussten, dass wir den vornehmen Gründerzeitprunk mit hohen Spiegelwänden beinahe nicht mehr genießen konnten. Wir hoffen auf bessere Zeiten in Gestalt fähiger Pächter. Einige Schritte weiter nördlich wartet die wunderbare Buchhandlung Írók Boltja («Autorenladen») mit hochkompetenten Mitarbeitenden, die neben vielen ungarischen auch unter anderem englischsprachige Bücher führt, Lesungen veranstaltet und vor allem auf Bettina mit stets kunstvoll hergerichteten Schaufenstern einen regelrechten Sog entwickelt. Der Buchladen verleiht übrigens jedes Jahr einer literarischen Persönlichkeit, die in Beziehung zum Ort steht, einen Preis; ausgezeichnet wurden seit den 1990er-Jahren unter anderem Péter Eszterházy, Zsófia Bán, Gábor Schein oder László Garaczi. Daran merkt man, dass der «Autorenladen» seinen Namen verdient, indem er nicht nur für Leserinnen und Leser und den Verkauf von Büchern existiert, sondern auch für die Urheberinnen und Urheber der Texte.

Und das ist sowieso ein Phänomen, durch das sich Mittel- von Westeuropa sehr merklich unterscheidet: Künstlerinnen und Künstler, Literaten, Schauspieler und Kulturschaffende aller Sparten werden in Ungarn sehr geachtet, ihre Stimme zählt, wenn sie sich öffentlich äußern. Literarische Bücher werden hier mehr gelesen, und Lyrik findet auch bei jungen Menschen Resonanz. Die Kulturzeitschrift *Élet és Irodalom* (*Leben und Literatur*) hat politisches Gewicht. Die Bewunderung, die Imre Kertész, György Konrád sowie Péter Nádas oder Theaterdirektoren und Schauspielern wie András Bálint oder Musikern wie Gábor Presser entgegenströmte und entgegenströmt, ja, den Kultstatus, den man ihnen verleiht, sucht ihresgleichen in Berlin, Paris, London und erst recht in Zürich oder Bern … Der hohe Stellenwert von Literatur und Bildung lässt sich an der hohen Zahl an Buchläden in Budapest ablesen – ein Hotspot mit Buchhandlungen und Antiquariaten ist der Muzeum körút. Dennoch ist es längst nicht mehr wie vor 1989, als die Leute (die staatlichen subventionierten und deshalb sehr billigen) Bücher mit großen Einkaufskörben kauften und eine Fülle an literarischen Zeitschriften existierte. In den öffentlichen Verkehrsmitteln in Budapest sieht man die Menschen heute auch fast nur noch in ihre Mobiltelefone versunken.

Geht man die Andrássy út weiter nord(ost)wärts, bewegt man sich meistens im Pulk mit Touristengruppen aus aller Welt. Der als eine wichtige städtebauliche Achse angelegte Prachtboulevard führt – alles die Strecke der gelben Földalatti-Linie entlang – über den Oktogon-Platz am Haus des Terrors vorbei über den Kodály köröndbis zum Heldenplatz (Hősök tere). Das Haus des Terrors, das einst in jüdischem Besitz war, war Hauptsitz und Foltergefängnis der Pfeilkreuzler, 1945 ging es in die Hände der politischen Polizei PRO über und mutierte bald darauf zum Hauptquartier des kommunistischen Staatssicherheitsdienstes. Das Haus hat also sehr viel Grausamkeit gesehen, Menschen wurden hier von zwei Regimes hintereinander systematisch physisch und psychisch gebrochen. Doch abermals wird ein Museum – die Konzeption oblag auch hier Mária Schmidt – als Ort der Erinnerung von der Fidesz wie andernorts politisch insofern missbraucht, als die enge Zusammenarbeit der ungarischen Faschisten mit den deutschen Nationalsozialisten heruntergespielt und die Ungarn durchgehend als Opfer dargestellt sind.

Den Heldenplatz flankieren zwei große Museumstempel wie Zwillingsbauten, sie wurden vom selben Architektenteam entworfen. Links, blickt man nach Norden, sieht man das Museum der Bildenden Künste (Szépművészeti Múzeum), vor dem sich meist lange Schlangen von Touristen bilden; es ist das größte Kunstmuseum Ungarns mit einer bedeutenden Sammlung von ägyptischer bis moderner Kunst und kuratiert international beachtete Ausstellungen. An der rechten Seite des Platzes steht die Kunsthalle (Műcsarnok), die zeitgenössische Kunst in meist zwei oder drei parallelen temporären Ausstellungen präsentiert. Hinter der Kunsthalle taucht das niedrige, langgezogene Gebäude der großen Eisbahn am Rand des Stadtwäldchens (Városliget) auf; im Winter ist sie eine riesige Attraktion, die vor allem am Wochenende Hunderte von jungen Leuten anzieht, wenn am späteren Nachmittag auf der größten Eisbahnfläche Europas (12 000 Quadratmeter) farbige Lichter und

Große Außenbecken-Anlage: das Széchényi-Thermalbad

Musik angedreht werden. Im Sommer ist das Becken ein künstlicher kleiner See, der mit Booten befahren werden kann. Zehn Minuten zu Fuß nordwärts – während man rechts die nicht wirklich alte Vajdahunyad-Burg sieht, die kurz vor 1900 im Rahmen der damaligen Milleniumsausstellung gebaut wurde – trifft man auf den gelben eklektizistischen, palastartigen Bau des großen Széchényi-Heilbads, das über Freiluft- und Innenbecken mit Temperaturen zwischen 18 und 40°C, Saunen und Dampfbäder verfügt. Im Sommer ist es herrlich, in den offenen Becken in diesem Märchenschlossdekor zu plantschen, im Winter kommt eine geradezu mystische Stimmung auf, wenn das heiße Wasser in der Kälte dichte Dampfwolken bildet.

Allerdings kennen nicht nur die Ungarn, sondern auch die meist in großen Gruppen anreisenden jungen Touristen aus unter anderem England heute die Vorzüge dieses Bades, weil die

Betreiber für Disconächte werben. Das hat zur Folge, dass sich nachmittags und an den Wochenenden das Széchényi-Bad von einem entspannenden zu einem lärmigen, beinahe stressigen Ort entwickelt und die Bademeister mit ihren Ermahnungen kaum mehr nachkommen. Viele Ungarn kommen deswegen nur noch früh morgens – oder sie gehen in unter Ausländern weniger bekannte Bäder wie das Lukács- oder das Rudas-Bad.

In einem Teil des Stadtwäldchens entsteht ein sehr ambitioniertes Museumsviertel, das von Spielplätzen und Anlagen für Freizeitaktivitäten flankiert wird. Es soll eine Reihe teils spektakulärer Ausstellungshallen beherbergen, von international renommierten Architekten wie Sou Fujimoto oder dem ungarischen Büro Napur Architect entworfen. Über viele Monate hinweg wurde das Gebiet von Umweltaktivisten und anderen Gegnern der Pläne besetzt gehalten, aus Protest gegen die Eingriffe in die Parklandschaft und das Vorgehen der Regierung. Als der neue grüne Bürgermeister gewählt wurde, verfügte er einen Baustopp, der aber aufgehoben werden musste – zurzeit wird wieder weitergebaut, und mittlerweile wollen rund 80 Prozent der Budapester, hat eine Umfrage gezeigt, dass die Pläne umgesetzt werden. Sehr spektakulär wird das Néprajzi Muzéum (Ethnografiemuseum) entlang der Dózsa György út; das Projekt ist bereits mit einem wichtigen internationalen Preis ausgezeichnet worden.

Geht man von der Staatsoper an der Andrássy út indes süd(west)wärts, gelangt man zu den nebeneinanderliegenden Plätzen Deák Ferenc und Erzsébet tér, auf denen oft Märkte stattfinden. Auf dem Erzsébet tér überrascht der Akvárium Klub, den man nachts durch das schimmernde Glasdach eines künstlichen Wasserbeckens erkennen kann (das Dach des Klubs liegt ebenerdig). Eigentlich sollte hier das Nationaltheater zu stehen kommen; aus der Baugrube für die Parkgarage entstand ein (unterirdisches) Kulturzentrum mit Park und «Teich» darüber.

Hier finden regelmäßig Konzerte von angesagten Bands, Performances oder Ausstellungen statt – und George Ezra sang hier tatsächlich seinen (von Budapestern sehr geliebten) Budapest-Song. Von da sind es nur rund sieben Minuten, und man steht am Donauufer. An der Station Széchenyi István tér oder Eötvös tér oder auch weiter nördlich steige man in ein Tram Nummer 2 ein, das südwärts fährt: Dessen Linie führt

Unter diesem künstlichen Teich befindet sich der Akvárium-Club

Straßenbahn Nr. 2 entlang der Donau in Budapest

bequemerweise eine lange Strecke dem Pester Flussufer entlang, und so kommt man in den Genuss, das großartige Panorama, das sich im weiten Raum der breiten Donau vor einem eröffnet, gemütlich sitzend zu erleben. Gegenüber, in Buda, thront der Königliche Burgpalast (Budavári Palota), und kurz vor der eleganten (weißen) modernen Erzsébet-Hängebrücke öffnet sich der Platz des 15. März, der an den Ausbruch der ungarischen 1848-Revolution erinnert. Hier befindet sich ein von uns geliebtes Lokal, das Kiosk mit moderner Küche, wo man zu jeder Tageszeit das Passende finden kann: Frühstück, leichtes Mittagessen, Sandwiches oder Nachmittagskaffee und -kuchen, Pizzen oder ein umfangreicheres Abendessen, Desserts, Drinks und andere alkoholische Getränke.

Das Außergewöhnliche dabei: An die eine Wand der hohen, geräumigen Halle, die Teil eines alten Piaristen-Gebäudes ist, werden Stummfilme projiziert. Bei schönem Wetter erlaubt die Terrasse vor dem Haus den Weitblick über die neu eingerichtete Platz- und Parkanlage bis zur Donau.

Weiter geht es mit der Tram Nummer 2 nach Süden, unter der Erzsébet- und der Szabadság-Brücke (Freiheitsbrücke) hindurch, dessen Ausläufer vor dem Hauptgebäude der Corvinus-Universität und der Großen Markthalle enden. Die Corvinus-Universität ist eine staatliche Universität mit Ausrichtung Wirtschaftswissenschaften, deren Geschichte ins 18. Jahrhundert zurückreicht und die heute als eine der besten Universitäten Ostmitteleuropas gilt.

Rund 300 Meter weiter schiebt sich das Bálna-Zentrum ins Bild. Es steht direkt am Wasser und erinnert von ferne an The Guerkin in London, ähnelt aber viel mehr einem Wal (bálna heißt auch *Wal*) oder einem anderen, hier kunstvoll gestrandeten Meerestier, abends geheimnisvoll von innen leuchtend. Das Bálna, ein Handels-, Unterhaltungs- und Gastronomieort, der bisher noch nicht richtig in Schwung gekommen ist, vereint die Bausubstanz eines Lagerhauses aus dem 19. Jahrhundert mit einer computergenerierten Glas-Stahlkonstruktion.

Die Tramlinie kreuzt daraufhin die Auffahrt zur Petőfi-Brücke. Die Brücke an dieser Stelle hieß vor ihrer Zerstörung 1945 Miklós-Horthy-Brücke; die neue von 1952 ist nach dem ungarischen Dichter Sándor Petőfi benannt. Seinen Namen trägt auch das Literaturmuseum im Palais Károlyi im fünften Bezirk (Belváros-Lipotváros), das sich in Form von Ausstellungen und Veranstaltungen vornehmlich mit ungarischer Literatur auseinandersetzt. Leider ist dieser Ort 2018 auch zum politischen Spielball der Interessen Orbán-naher Kreise geworden; man warf dem Direktor vor, er vertrete zu einseitig links-liberale Kreise und zu wenig «nationale Interessen», und der Mann, der bis dahin von der Kulturszene als zu Orbán-treu kritisiert wurde, trat nach einem längeren Hick-Hack zurück. Seither ist dieser Literaturort der Orbánschen «Zentralisierung» einen Schritt näher gerückt. Immerhin gibt es in Budapest noch viele Literaturorte, unter anderem das Három Holló (vgl. Tipps Ende Kap. 5), aber der Kampf um die «richtige

Blick in den gestrandeten Wal hinein: das Bálna-Zentrum

Kultur» umfasst eben auch den Fluss der (wesentlichen) staatlichen Geldbeträge …

Das Tram fährt weiter, seit dem Schlenker nach links wegen des Bálna-Gebäudes nun eine Häuserzeile von der Donau entfernt. Beim Stopp Haller utca/Soroksári út ist links das Zwack Unicum Museum (vgl. Kapitel 3), ein typischer Fabrikbau aus der zweiten Hälfte des 19. Jahrhunderts, zu sehen. Kurz darauf folgt unsere Zielstation: Müpa/Nemzéti Színház. In einem Gebiet in Ferencváros, wo heruntergekommene Häuser standen und jetzt mehr und mehr Neubauten hochgezogen werden, stehen zwei große Gebäude, die sich in der Qualität ihres Architekturstils grundsätzlich unterscheiden. Das weiße Nationaltheater (Nemzéti Színház), ein Kind der kurzlebigen Postmoderne-Mode, erinnert mit etwas Fantasie an einen Flussdampfer, das südlicher, näher zur Rákóczi-Brücke gelegene, funktionale, aber gleichzeitig trotz seines Volumens elegante Müpa-Gebäude (Müpa kurz für: Művészetek Palotája/

Das Mai Manó-Haus für Fotografie mit Café

Palast der Künste) lässt an das KKL in Luzern denken – nur ist das Müpa sehr viel größer. Zwischen den beiden Gebäuden steht das schneckenförmige Zikkurat, in dem sich Kunst-Ausstellungsräume befinden; das sandgelbe Gebilde darf man auf dem spiralförmigen Pfad besteigen, und von hier hat man einen schönen (Teil-)Blick über Budapest.

Das Müpa, 2005 eröffnet, außen mit Kalksteinplatten verkleidet und mit seiner hohen Glasfassade und Säulenhalle einladend, zeigt in seinem Innern, wo man zuerst eine

überwältigende Empfangshalle betritt, noch einmal ganz andere Raumeindrücke: Holzverkleidungen oder weiße Schlichtheit, mehrschichtige Galerien, verwinkelte Ecken und Sternenhimmel. Wie unter anderem das Barbican Center in London beherbergt das Müpa multifunktionale Räume, ein Café und ein Bistro, ein Kunstmuseum sowie einen Konzertsaal. Im östlichen Flügel befindet sich das mit modernster Technik ausgestattete Festival-Theater. Der Béla Bartók-Konzertsaal ist der dominanteste Gebäudeteil; in ihm finden rund 1600 Zuhörer

Platz, und über seine exzellente Akustik, vom Spezialisten Russell Johnson konzipiert, von Experten als einer der fünf besten Konzertsäle der Welt bezeichnet, schwärmen sowohl Musiker wie Publikum. Näher zur Donau findet man das drei Stockwerke umfassende Ludwig Museum, wo in Dauer- und Sonderausstellungen Gegenwartskunst international bekannter Künstlerinnen und Künstler wie unter anderem Baselitz, Warhol, Beuys, Lichtenstein präsentiert werden und wo man auch eine gut sortierte Museums-Präsenzbibliothek und einen umfangreichen Kunstshop findet. Die Website des Müpa gibt übrigens einen sehr guten Einblick in die diversen Kulturaktivitäten im Haus – von klassischen bis Jazzkonzerten, Filmvorführungen, Ausstellungen und Literaturveranstaltungen bis hin zu Einführungen und Kursen.

Müvészetek Palotája: Palast der Künste bei Nacht

So schließt sich der Kreis: Am Anfang dieses Buches gingen wir nach József- und Ferencváros, innerstädtische Gebiete von Budapest, die zurzeit noch nicht stark gentrifiziert sind. Mit dem Müpa sind wir wieder in Ferencváros gelandet, in einem lange vernachlässigten Gebiet, wo die neusten Veränderungen Budapests deutlich zu Tage treten. In dieser Situation zeigt das Müpa Offenheit, bringt das Neue und lädt zugleich Kinder und Jugendliche ärmerer und auch bildungsferner Schichten zu sich ein, um an Aktionen und kunstpädagogischen Kursen teilzunehmen. Ein Tropfen auf einen heißen Stein, ja, aber doch Angebote zu Interaktion und Eroberung öffentlichen Raums, die gerne angenommen werden.

Robert Capa – Zeitgenössisches Fotografiezentrum
Nagymező utca 8
www.capacenter.hu

Mai Manó-Haus für Fotografie
Nagymező utca 20
www.maimano.hu

Kálmán Imre Téatrum / Budapesti Operettszinház
Nagymező utca 17
www.operett.hu

Radnóti-Theater
Nagymező utca 11
www.radnotiszinhaz.hu
www.facebook.com/radnotiszinhaz

Vier Theater, die neben dem Radnóti regelmäßig auch Aufführungen für Englisch-Verstehende bieten: **Madách** (Musicals, Mainstream-Shows), *Erzsébet körút 29-33, www.madachszinhaz.hu;* **Erkel** (Opern, Operetten, Ballette), *János Pál pápa tér 30, www.jegy.hu/venue/erkel-szinhaz;* **Trafó** (unabhängige Avantgarde), *Liliom utca 41, www.trafo.hu;* **Nationaltheater** (mehrheitlich Sprechtheater und auch Tanzaufführungen, von internationalen Klassikern bis hin zu zeitgenössischen ungarischen Produktionen), *Bajor Gizi park 1, www.nemszetiszinhaz.hu*

Komédiás Kávéház
Nagymező utca 26
www.komediaskavehaz.hu

Mai Manó-Café
Nagymező utca 20
www.facebook.com/MaiManoKávézó

Művész Kávéház és Cukrászda / Künstler-Kaffeehaus/Konditorei
Andrássy út 29
www.muveszkavehaz.hu

Café Zsivágó
Paulay Ede utca 55
www.cafezsivago.hu

Kadarka-Weinbar
Király utca 42
www.kadarkawinebar.com

Ungarische Staatsoper
Andrássy út 22
www.opera.hu
(Bis zum Ende der Renovation sind in reduziertem Maße geführte Besichtigungen seit Mitte 2020 wieder möglich.)

Terror Háza / Haus des Terrors
Andrássy út 60
www.terrorhaza.hu bzw. www.houseofterror.hu

Buchladen Írók Boltja
Andrássy út 45
www.irokboltja.hu

Szépművészeti Múzeum / Museum der Bildenden Künste
Dózsa György út 41
www.szepmüveszeti.hu

Műcsarnok / Kunsthalle
Dózsa György út 37
www.mucsarnok.hu

Széchényi-Heilbad
Állatkerti körút 9–11
www.szechenyibad.hu

Lukács-Bad
Frankel Leó út 25–29
www.lukacsfurdo.hu

Rudas-Bad
Döbrentei tér 9
www.rudasfurdo.hu

Museumsviertel-Projekt
www.ligetbudapest.hu

Akvárium Klub
Erzsébet tér 12
www.akvariumklub.hu

Restaurant Kiosk
Március 15. tér 4 (Platz des 15. März, Nr. 4)
www.kiosk-budapest.hu

Bálna-Zentrum
Fővám tér 11–12
www.balnabudapest.hu

Unicum Ház / Zwack Unicum Museum
Dandár utca 1
www.unicum.hu

Nationaltheater / Nemzéti Színház
Bajor Gizi park 1
www.nemszetiszinhaz.hu

Palast der Künste / Müpa (Művészetek Palotája)
Komor Marcell utca 1
www.mupa.hu
Ludwig Museum im Müpa-Gebäude
www.ludwigmuseum.hu

Restaurantempfehlungen 6

Hanga Séra, geboren 1972 in Miskolc, studierte Architektur und Fotografie und arbeitet heute als Performancekünstlerin in Zürich (vgl. www.serahanga.com.). Sie empfiehlt:

Hanga Séra

Rengeteg RomKafé
Wäre das Angebot ca. 1600 Sorten heißer Schokolade mit Kakaogehalt von 28 bis 80 Prozent, unterschiedlich gewürzt, mit oder ohne Alkohol, auch in veganer Ausführung, das Angebot einer ganzen Palette von Kaffeespezialitäten und Bio-Fairtrade-Tees, einer Reihe hausgemachter Obstgetränke aus Stachelbeeren, schwarzen Johannisbeeren, Schwarzdorn oder Waldbeeren noch nicht Argument genug, diesen verwunschenen Ort mit eingebautem Teddybären-Asylheim zu besuchen, müsste ich euch nur Tibi, den gastfreundlichen Besitzer dieses Cafés mitten im Corvin-Quartier vorstellen.
Tűzoltó utca 22, www.facebook.com/Rengeteg

Nyitott Mühely – Offene Werkstatt

In dieser Mischung aus Kulturort und Café finden jährlich acht bis zehn Kunstausstellungen statt, um die hundert Jazzkonzerte der feinsten Art, Lesungen, Buchvernissagen, Theateraufführungen. Es gibt einen Film-, einen Philosophen- und einen Anglerklub, alles eingebettet in das intensive Treiben eines Caféhauses mit ausgewähltem Schnaps-, Tee- und Weinsortiment. Die Seele des Ortes ist der legendäre Laci Finta, der seine Leidenschaft für die Lederverarbeitung mit der für Kunst und Kultur vereint.

Ráth György utca 4, www.nyitottmuhely.hu

Lívia Kiss, Jahrgang 1974, studierte Sozialpädagogin und tätig als Astrologin, eine bei Veszprém wohnhafte Cousine von Miklós, empfiehlt:

Restaurant Taj Mahal

Das Taj Mahal ist eines der besten indischen Restaurants in Budapest. Wir sind seit vielen Jahren immer wieder dort, und es hat über die ganze Zeit seinen hohen Standard beibehalten. Das Lokal ist elegant, geräumig und sauber, die Atmosphäre ist echt indisch, die Damen im Service tragen Saris. Die

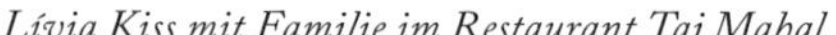

Lívia Kiss mit Familie im Restaurant Taj Mahal

András Wolsky und Judit J. Kovács

Speisekarte ist sehr umfangreich, und es gibt auch eine reiche Auswahl an vegetarischen Gerichten. Das Essen ist köstlich, speziell, traditionell gewürzt. Hier ist der Gast König, der Service ist freundlich, höflich, und man versucht auch, individuelle Wünsche zu erfüllen (zum Beispiel glutenfrei). Was ich persönlich besonders mag, ist, dass das Essen nicht auf einem Teller, sondern in einem kleinen Metallbehälter serviert wird, sodass jeder von allem kosten kann. Und am Ende des Essens kommt eine kleine Schüssel mit Anissüßigkeiten auf den Tisch, die tatsächlich bei der Verdauung helfen. Die Preise sind nicht die günstigsten, aber wir kommen immer wieder wegen des außerordentlich guten Essens und weil man hier wirklich verwöhnt wird.
Szondi utca 40, www.tajmahal.hu

András Wolsky, Bildender Künstler, Jahrgang 1969; seine Arbeiten waren bereits in vielen Ausstellungen zu sehen, in Ungarn, aber auch in Wien, Bratislava, Zürich oder Paris. Er empfiehlt drei «Kuriositäten in einem Paket», wie er sagt, im Palastviertel (ein Teil des achten Bezirks), an der Bródy Sándor-Straße, in einem Umkreis von nur rund hundert Metern.

Budapest Cukrászda
Es mag trendigere Konditoreien geben, aber ich mag diesen Ort, vielleicht wegen seines Namens, vielleicht wegen der bescheidenen Platzverhältnisse. Gegründet wurde die kleine Konditorei 1957, ein Jahr nach der Revolution, die in diesem Stadtteil ihren Anfang nahm. Ich stieß zufällig auf diesen Ort, auf dem Weg in meine Galerie. Zwei Tische mit je fünf Sitzplätzen. Aus der Vitrine kann man sich die Kuchen aussuchen, die Auswahl ist recht groß. Es gibt auch zuckerfreie, solche mit nur natürlichen Zutaten, bunte Wunder aus Schlag und Schaum, zur Freude der Kinder. Am St. Nikolaus-Tag vor zwei Jahren ist mir ein rot- und weiß-glasierter Samichlaus-Isler-Keks aufgefallen – schnell kaufte ich einen für meine Tochter Luca; er schmeckte ihr ausgezeichnet. Seitdem kehre ich öfters hier ein, auf einen oder zwei Kaffees, und ein guter Burek dazu darf es immer sein.
Bródy Sándor utca 23 / a, www.facebook.com/bpcukraszda

Zur Eröffnung meiner Ausstellungen bringt die Galeristin Ani (Annamária) Molnár immer Pogatschen (Pogácsa) und Kleingebäck von hier mit. Ihre Galerie in derselben Straße gehört übrigens zu den Top-10 der aufstrebenden Galerien in Ungarn. Ich empfinde es als große Ehre, von ihr vertreten zu werden. Die 2009 gegründete Galerie hat bereits regelmäßig an internationalen Messen teilgenommen, und Molnár war viele Jahre lang Präsidentin der Association of European Galleries. *(Vgl. www.molnaranigaleria.hu, Bródy Sándor utca 36)*

Kéményseprö-Ház
Das Kaminfeger-Haus ist ein wunderschönes, klassizistisches Gebäude. Mein Urgroßvater, der aus Locarno in der Schweiz stammt, kaufte dieses Haus Mitte des 19. Jahrhunderts und baute es für sich um. Sein Vater Devecis Del Vecchio floh vor der Armee Napoleons und starb bei der Überquerung des Sees

bei Locarno. Seine Familie schlug sich nach Wien durch, und einer der Söhne zog nach Budapest, wo er als Kaminfeger arbeitete. An der Fassade des Hauses befindet sich eine kleine Kaminfeger-Statue aus Metall (zurzeit nicht sichtbar; die katholische Universität Pázmány Péter hat das Gebäude kürzlich übernommen, es wird renoviert). Das vom Künstler Miklós Barabás gefertigte Porträt von Mihály Devecis Del Vecchio hängt bei meinen Eltern an der Wand, und das Haus steht heute unter Denkmalschutz.
Bródy Sándor utca 15, www.kemenysepres.katasztrofavedelem.hu

Der Lieblingsplatz von **Judit J. Kovács** – die Dramapädagogin ist heute 46 Jahre alt, Inhaberin der Kerekítő-Netzwerk-Organisation, die für Kind und Mutter pädagogische Programme anbietet –, ist die ehemalige Villa des oben genannten Malers, wo es auch zu essen gibt:

Barabás Villa
Die neoklassizistische Villa auf einem Grundstück, die der Maler Miklós Barabás 1840 nach eigenen Plänen erbauen ließ, wurde nach ihrer Renovation 2004 mit dem Europa Nostra Award ausgezeichnet. Um die ruhige Sommerresidenz samt Rebberg wuchs die Stadt immer mehr an. Heute werden hier Hochzeiten gefeiert, Kulturveranstaltungen organisiert, und Nuance Lunch & Bar sorgt für kulinarisches Wohlergehen. Nach einem köstlichen Kaffee, Brownie, Croissant, veganem Kuchen oder meiner Lieblings-Ziegenkäse-Birnencremesuppe kann man einen romantischen Spaziergang durch den terrassenförmig angelegten Garten mit vielen alten Bäumen machen. Városmajor mit dem ältesten öffentlichen Park der Hauptstadt liegt ganz in der Nähe; letzten Herbst sind wir hierhergezogen – und im Herbst 2020 werden András und ich in dieser Villa heiraten.
www.barabasvilla.hu, Városmajor utca 44
(www.nuancelunchandbar.hu)

Anhang

Über Bargeld, Taxifahren und Tipps:

Forint (Kurs Mitte 2020: 100 Forint, ca. 30 Rappen/Cent) bezieht man am besten erst vor Ort (auch am Flughafen von Budapest) mit einer Maestrokarte an einem der zahlreichen ATM-Maschinen oder Bankomaten.

Taxifahren: gelbe Taxis nehmen (die schwarzen haben bisweilen Fantasiepreise), es soll der Taxometer eingestellt werden. Taxifahren ist in Budapest vergleichsweise kostengünstig. Ab Flughafen in die Stadt lohnt sich ein Taxi (ca. 7500 Forint) bereits ab zwei Personen; unbedingt die offiziellen Főtaxis *(www.fotaxi.hu)* nehmen, links vom Ausgang der Ankunftshalle steht der Főtaxi-Schalter, wo man seine Destination angibt.

Trinkgeld: üblich sind zehn bis fünfzehn Prozent, wenn der Service nicht schon automatisch einberechnet wurde; sonst einfach ein bisschen aufrunden.

Hotel oder Herberge:

Aus der unüberschaubaren Fülle drei Empfehlungen – für gehobene Ansprüche, Mittelklasse und dazu ein überraschend gutes Hostel:
Für die dickere Brieftasche: **Corinthia Hotel,** fünf Sterne, Prunkbau mit schönstem (!) eigenem Spa, Brasserie und Atrium, zentral am E*rzsébet Körút 43-49 gelegen: www.corinthia.hu*

Hotel Mamaison Andrássy, Boutique-Vierstern, Bauhausstil an der Andrássy út (Nr. 111), bequem zwischen Oktogon und Heldenplatz an der Földalatti-Linie gelegen, sehr vernünftige Preise: *www.mamaisonandrassy.com*

Wombats City Hostel Budapest: überdurchschnittlich gute Qualität für ein Hostel. In einem Haus von 1840 an der Király utca 20 (eher laut, weil Ausgehviertel), in dem sich lange ein Viersternhotel befand: *www.wombats-hostels.com/budapest*

Zahnärzte und medizinische Versorgung:

Ja, es lohnt sich, größere Zahnbehandlungen in Ungarn durchführen zu lassen. Die Qualität ist sehr hoch, die Zahnärzte sind mit modernster Gerätschaft ausgestattet, und es kostet rund einen Drittel dessen, was man etwa in der Schweiz zahlt.

À table!: französische Boulangerie-Patisserie in Budapest

First Med ist eine bei Expats und Touristen sehr beliebte Klinik, weil man bei Notfällen (24-Stunden-Hilfe) unkompliziert hingehen kann; (Schweizer) Krankenkassen übernehmen die Kosten, die man vor Ort gleich bezahlen muss. *www.firstmedcenters.com, Tel. 0036-1-224 9090*

24-Stunden-Apotheke: Solche gibt es in Budapest mehrere. Eine zentral gelegene ist die Teréz Patika am *Teréz körút 41 (www.terezpatika.hu).*

Eine kleine Auswahl an Frühstückscafés:

Anna Café, *Váci utca 5, www.annacafe.hu* (seit 1954 – wenn schon mitten im Touri-Trubel, dann hier)

A Table: *Wesselényi utca 9, Erzébetváros, www.atable.hu* (kleine französische Lokal-Kette mit Ablegern an insgesamt neun Orten in Budapest)

Café Central, *Belváros, www.centralkavehaz.hu* (immer gut, vgl. Kap 3)

Eco Café, *Andrássy út 68, www.ecocafe.hu* (Kaffeespezialitätenkultur mit biologischen und fair gehandelten Zutaten)

Gundel, *www.gundel.hu*
(vgl. Kap. 3; reichhaltiger Schlemm-Brunch)

Magvető Café, *Dohány utca 13, www.cafe-magveto.hu* (Café des Verlags, wo auch Lesungen stattfinden – mit Regalen voller Magvető-Büchern und direktem Hinterzugang in die Buchhandlung Fókusz/Líra)

Menza, *Liszt Ferenc tér 2, www.menzaetterem.hu* (vgl. Tipp nach Kap. 5)

Mozsár Bisztro, *Nagymező utca 21, www.mozsarbisztro.hu*, auch ein bekannter Ort für Veranstaltungen und v. a. Konzerte.

Neked csak dezső!, *Rákoczi út 29, www.nekedcsak.hu* (währschaftes Frühstück – abends riesige Bierauswahl; übrigens, wer sich für Bier interessiert, dem empfehlen wir: *www.csakajosor.hu, Kertesz utca 42–44)*

Ein letztes Sammelsurium an (Geheim-)Tipps beziehungsweise Kuriositäten:

Béla Bartók-Haus: Hier wohnte der Komponist von 1932 bis 1940; heute ein kleines Museum, wo auch kammermusikalische Konzerte u. ä. m. stattfinden. Csálan út 29, *www.bartokmuseum.hu*

Budapest Jazzclub: der Jazz-Ort in Budapest, gute Konzerte und viel Jam Sessions (letztere mit Gratiseintritt), inkl. Bistro, Bar/Café: *Hollán Ernő utca 7, www.bjc.hu/home*

Darius Musik: für Streichmusikinstrumente die erste Adresse, auch für Notenständer, Metronome, Leuchten …; Website in sechs Sprachen: *Paulay Ede utca 58, www.dariusmusic.eu*

Dolce Fantasia Gelateria Italiana: beliebte kleine Eisdielen- und Konditoreikette eines Italieners, der 2015 nach Ungarn gezogen ist. Vier Standorte, einer davon (nur Eisstand) an der *Szondi utca 82/B, www.dolcefantasiagelateriaitaliana.business.site*

Escape-/Exit-Games wurden in der ungarischen Hauptstadt erfunden und sind hier sehr kreativ gestaltet. Drei Adressen: E-Exit, *Nyár utca 27, www.szabadulos-jatek.hu* (unter anderem mit dystopischem Thema «1984»); Claustrophilia, *Erzsébet körút 8, www.claustrophilia.hu* (sehr trickreiche Aufgaben); Moviescape, *Bajcsy Zsilinszky köz 2, www.moviescape.hu* (mit Motiven aus Filmen wie «Lord of the Rings» oder «The Mentalist»)

Főfotó: früher ein Fotostudio, heute Café/Bar, eine Galerie für Fotografie, ein Fotokurseort, ein Fotofachgeschäft: *Baross utca 10, www.fofoto.hu*

Café, Kulturort, Buchladen: das Magvető

Im Darius Musik-Laden

Gelarto Rosa: Kunst und Geschmack, Eis in Form von Rosen, italienisches Ambiente: *Szent István tér 3, www.gelartorosa.com*

Mr. Sale: Anzüge, Hosen, Krawatten, Gürtel … für ihn: Weiner Léo utca 20, www.mrsale.net (Männer gehen ja eher widerwillig Kleider einkaufen – doch diesen Laden verlässt mann frühestens nach anderthalb Stunden mit einem zufriedenen Lächeln im Gesicht und zwei vollen Einkaufstasche in den Händen. Achtung: Das Pendant für Frauen, Lady Sale, *Jókai utca 28,* ist leider eine Enttäuschung.)

Prága Sorház Club: Atmosphäre tschechischer Pubs; neben vielen Biersorten werden Folk-, Blues-Jazz- und Chanson-Konzerte angeboten: *Kertész utca 3, www.facebook.com/PragaSorhaz*

Polizeimuseum: alles von martialischen Schlagstöcken bis hin zu ausgestopften Polizeihunden und mehr …; *Mosonyi utca 5, www.rendormuzeum.hu*

Trófea Grill Restaurant: All you can eat and drink in bester Qualität, rund 100 Gerichte; hier veranstalten Ungarn gerne auch Hochzeiten und Geburtstagspartys. 3 Standorte: *Király utca 30-32, Viségradi utca 50/a, Margit körút 2, www.trofea.hu*

WonderLab Design Studio: Showroom und Shop, in dem sich junge ungarische Designer/innen mit ihren Arbeiten präsentieren, seit Corona auch mit Webshop; *Veres Pálné utca 3, www.wonderlabconcept.com*

Zoll- und Steuern-Museum (Museum of Tax and Customs): Geschichte vom 16. Jahrhundert bis heute; in der sehenswerten Jugendstilvilla Schiffer, *Munkácsy Mihály utca 19b;* Führungen auch in Englisch, Besuch besser im Voraus vereinbaren: *muzeum@nav.gov.hu*

Grüne Orte im Freien oder auch ruhige Orte unter anderem:

Budapest Pride mit internationalen Gästen: *www.budapestpride.com;* vgl. auch: *www.travelgay.com*

Ecseri-Flohmarkt (Használtcikkpiac): *Nagykőrösi út 156* (im Südosten der Stadt), viele feste Stände, von Gemälden über Kleider bis Wertsachen (hier fanden Fahnder die kurz zuvor geklaute Leica-Ausrüstung von Miklós wieder …); jeden Tag, aber v. a. samstags, vgl. *www.piaconline.hu*

Friedhöfe: Auf dem Kerepesi temető (Kerepescher Friedhof), 1847 errichtet, wurden viele bekannte ungarische Persönlichkeiten aus Kunst und Politik begraben, darunter Ferenc Deák, Lajos Kossuth, Endre Ady, Béla Balázs, Attila Jószef, Imre Kertész, Miklós Ybl, Ignaz Semmelweis u. v. a. m.; Zugang über die *Fiumei út 16.*
Der jüdische Friedhof Kozma Straße (Eingang Nr. 6), 1891 eingerichtet, ist der größte jüdische Friedhof (mit Park) in Ungarn – und noch immer benutzt. Auf ihm befindet sich auch das «Art-Nouveau-Mahnmal» für die jüdischen Opfer der Schoah. In der Nähe findet man auch den orthodox-jüdischen Gránátos Utca-Friedhof mit Gräbern von chassidischen Rabbis. Einer der ältesten jüdischen Friedhöfe Budapests ist der Csörsz Utca-Friedhof (Eingang Nr. 55). Vgl. *www.budapestjewishcemetery.com, www.findagrave.com*

Naherholungsgebiete in Budapest sind unter anderem:

Stadtwäldchen (Városliget) hinter dem Heldenplatz: *www.varosliget.info*

Margít-Sziget (Margareten-Insel, einst Hasen-Insel): sie liegt zwischen Buda und Pest auf der Höhe der Palatinus-Häuser und des Jászai Mari tér, man gelangt auf sie zu Fuß über die Margít-Brücke. Auf der autofreien Donauinsel gibt es ausgedehnte Parkanlagen, einen «singenden» großen Brunnen

Im Millenáris-Park

Bucht der Kopaszi-gát

mit orchestriertem Wasserspiel, einen Rosengarten, einen Tierpark, einen Wasserturm u. v. a. m. und den Japanischen Garten im nördlichen Zipfel. Von der Margít-Insel gelangt man über die Árpád-Brücke zur Óbuda-Insel, auf der das riesige **Sziget-Festival** *(www.szigetfestival.com)* stattfindet.

Kopaszi-gát: Eine schmale grüne Halbinsel, im Süden von Budapest neben der Rákóczi-Brücke gelegen, mit mehreren Pubs und Bistros. Etwas proper (noch), aber mit einer großartigen Terrassenanlage in der kleinen Bucht.

Millenáris-Park: Wo in Buda einst eine Ganz-Maschinenfabrik stand, gibt es heute eine neue Parkanlage mit Teich, Kinderspielplatz und eleganten Veranstaltungshallen. In ihnen finden Veranstaltungen oder im Frühjahr auch jeweils die Budapester Buchmesse statt. *Fény utca 20-22,* www.millenaris.hu. Gleich daneben befindet sich das Mammut-Einkaufszentrum (vgl.: www.mammut.hu).

Romane u. ä. m., die in Budapest spielen bzw. mit Leben in Budapest zu tun haben (nur eine kleine Auswahl):

Sacha Batthyány: Und was hat das mit mir zu tun? Kiepenheuer & Witsch, 2016.

György Dalos: Für, gegen und ohne Kommunismus. Erinnerungen. C. H. Beck, 2019. / Der Fall des Ökonomen. Roman. Rotbuch, 2012. / Jugendstil. Ebd., 2007.

Lysann Heller: Die Praktikantin. Ungarn für Anfänger. Ullstein, 2008.

Viktor Iro: Tödliche Rückkehr. Kriminalroman. Piper, 2010.

Vilmos Kondor: Budapest Noir. Harper Collins, 2012.

Imre Kertész: Kaddisch für ein nicht geborenes Kind. Rowohlt, neueste Auflage: 1999 (EA 1990). / Roman eines Schicksallosen. Rowohlt, neue Ausgabe mit der Übersetzung von Christina Viragh, 1996 beziehungsweise die neueste Auflage: 1999 (EA 1975).

Péter Nádas: Aufleuchtende Details (Original: Világló rézletek). Rowohlt, 2017.

Lajos Parti Nagy: Meines Helden Platz. Luchterhand Literaturverlag, 2005. (zurzeit vergriffen)

János Székely: Verlockung. Aus dem Ungarischen von Ita Szent-Ivanyi. SchirmerGraf, 2007.

Ernő Szép: Die Liebe am Nachmittag. dtv, 2008.

Vertiefende bzw. weiterführende Literatur zu einzelnen Themen:

Nr. 195/2018 der Literaturzeitschrift Orte: Irgendeine schwere Frucht. Neue ungarische Lyrik. Vgl. www.orteverlag.ch.

Carlberg, Ingrid: Raoul Wallenberg. Die Biografie. btb, 2019.

Frojimovics, K./Pusztai, K./Komoroczy, V.: Jewish Budapest: Monuments, Rites, Histories. Central European University Press, 1999.

Geschichtspolitik im öffentlichen Raum. Hg. v. B. Nemec/F. Wenninger. Vandenhoeck & Ruprecht, 2019.

Hirsch, Gábor: Als 14-jähriger durch Auschwitz-Birkenau. Hartung-Gorre, 2011.

Hirschi, Agnes / Charlotte Schallié: Unter Schweizer Schutz: Zeitzeugen berichten. Limmat, 2020.

Meleghy, Peter: Ungarisch kochen. Gerichte und ihre Geschichte. Die Werkstatt, 2006.

Piketty, Thomas: Kapital und Ideologie. C.H. Beck, 2020.

Porter, Anna: Kasztner's Train. Bloomsbury 3PL, 2009.

Rosenberg, Erika: Das Glashaus. Carl Lutz und die Rettung ungarischer Juden vor dem Holocaust. Herbig, 2016.

Schiess, Regula: Wie das Leben nach dem Fieber. Ein ungarisches Schicksal. Psychosozial Verlag, 2013.

Schwendter, Rolf: Die ungarische Arme-Leute-Küche. Europa Leben/Wieser, 2008.

Spoerri, B./ Rózsa, M.K.: Zürich abseits der Pfade. Braumüller, 2019.

Tóth, Katalin: I love Budapest. I bike Budapest?: Urbaner Radverkehr in der ungarischen Hauptstadt, 1980-2014. Vandenhoeck & Ruprecht, 2019.

Zsidó / Jewish Budapest. Foreword by Péter Eszterházy. Postscript by Raj Tamás. Photographs by Lugosi Lugo László. Vince Kiadó, 2002.

Dokumentarfilme:
«Carl Lutz – der vergessene Held» (2014) des Schweizer Filmemachers Daniel von Aarburg über Carl Lutz
«Staatenlos – Klaus Rózsa, Fotograf» (2016) von Erich Schmid

Websites:
www.localstories.ch: Hier stellen wir auf unserer eigenen Website aktualisierte und ergänzende Informationen zu Budapest, aber auch zu Zürich und anderen Orten vor.

www.WeLoveBudapest.com, 2011 begründet, Website Englisch/Ungarisch. Von der Stadt begeisterte, eher junge Texter schreiben über Budapest.

www.restu.hu, Promotions- und Reservationstool, dem viele Restaurants, Cafés und Bars in Ungarn angeschlossen sind, gute Suchfunktion, aber nur auf Ungarisch.

www.etterem.hu, Restaurantsite mit Suchtool, nur auf Ungarisch.

WIR DANKEN János Blum, Gábor Deák und allen, die in diesem Buch persönliche Empfehlungen abgeben: Zsolt Balkanyi, Peter Biro, Andrea Bódis, Eszter Erdélyi, Martin Fejér, Claudia Hegedűs, Daniel Kardos, Anne-Marie Kenessey, Lívia Kiss, Judit J. Kovács, Zsolt Kulcsár, Pál Lederer, Lorenzo Molinari, Áron und Judit G. Papp, Hanga Séra, Kinga Tóth, András Wolsky.

Studentinnen auf dem Weg zum Büchermarkt